漫画小学生心理素质训练营
人际交往
学会倾听和理解的42个练习

[日]相川充 [日]猪刈惠美子 著 黄少安 余诗 译

化学工业出版社
·北京·

内容简介

这本书是一本专为小学生设计的实用指南，教导他们如何在学校和日常生活中建立和维护积极的人际关系。书中深入讲解了重要的社交技巧，包括正确的言语表达、面部表情、体态语言和情感表达，以及如何有效管理情绪，如不安和愤怒，帮助孩子们在与同龄人的互动中更加自信和得心应手。

全书中每一个练习都分为两部分，前面介绍自我认知、坚韧不拔和健康心态的建立等，后面则提供一系列具体的练习，如与人交流、表达感谢、管理压力等，旨在通过实际操作帮助孩子们将这些技巧应用到日常生活中。书中的活动设计既适合独立完成，也适合与朋友和家人一起进行，使学习过程更富合作性和趣味性。通过阅读本书，小学生们将学会如何建立和保持积极的人际关系，提升自我表达和情绪管理能力，从而在学校和日常生活中更加自信和快乐。这不仅有助于他们的个人发展，也会为他们将来的社会交往打下坚实的基础。

IRASUTOBAN KODOMONO SOCIAL SKILL—TOMODACHIKANKEI NI YUKITO JISHINGATSUKU 42NO METHOD by Atsushi Aikawa, Emiko Ikari
Copyright © Aikawa, Emiko Ikari, 2011
All rights reserved.
Original Japanese edition published by GODO-SHUPPAN Co., Ltd.
Simplified Chinese translation copyright © 2022 by Chemical Industry Press
This Traditional Chinese edition published by arrangement with GODO-SHUPPAN Co., Ltd., Tokyo, through Office Sakai and Beijing Kareka Consultation Center，Beijing

本书中文简体字版由 GODO-SHUPPAN Co., Ltd. 授权化学工业出版社独家出版发行。
本书仅限在中国内地（大陆）销售，不得销往中国香港、澳门和台湾地区。未经许可，不得以任何方式复制或抄袭本书的任何部分，违者必究。

北京市版权局著作权合同登记号：01-2024-3732

图书在版编目（CIP）数据

人际交往：学会倾听和理解的 42 个练习 /（日）相川充，（日）猪刈惠美子著；黄少安，余诗译 . —北京：化学工业出版社，2024.8
（漫画小学生心理素质训练营）
ISBN 978-7-122-45698-4

Ⅰ.①人… Ⅱ.①相…②猪…③黄…④余… Ⅲ.①人际关系—少儿读物 Ⅳ.① C912.11-49

中国国家版本馆 CIP 数据核字（2024）第 102478 号

责任编辑：马冰初　　　　　　　　　　　文字编辑：李锦侠
责任校对：王　静　　　　　　　　　　　内文设计：盟诺文化

出版发行：化学工业出版社（北京市东城区青年湖南街 13 号　邮政编码 100011）
印　　装：北京新华印刷有限公司
787mm×1092mm 1/16　印张 8　字数 260 千字　2025 年 1 月北京第 1 版第 1 次印刷

购书咨询：010-64518888　　售后服务：010-64518899
网　　址：http://www.cip.com.cn
凡购买本书，如有缺损质量问题，本社销售中心负责调换。

定　　价：49.80 元　　　　　　　　　　　　　　　　　　　版权所有　违者必究

致亲爱的读者

孩子们的大部分时间是在学校里度过的。在这个环境中，与同龄人建立起良好的关系对他们来说至关重要。一个和谐的学校环境能让孩子们感到快乐，从而激发他们学习的兴趣和吸收知识的能力。

然而，如果孩子们在学校中与其他小伙伴关系紧张，学校就可能会变成一个令他们感到痛苦的地方。被同伴排挤或忽视的感觉，会严重影响他们的学习效果和心理健康。更严重的是，面对校园欺凌，一些孩子甚至可能感到绝望。因此，建立积极的朋友关系，对孩子们来说是一项至关重要的生存技能。

本书将介绍一系列具体的社交技巧，这些技巧涵盖了如何在与朋友相处时有效地使用语言、表情和肢体动作，如何在遇到困难时鼓起勇气，以及如何处理不安和愤怒的情绪等。这些技能并非仅是理论上的知识，而是需要通过实践来掌握的技术。就像学习骑自行车一样，一开始可能会感到困难和不自然，但通过不断的练习，孩子们将能够自然而然地使用这些技巧，与人建立和谐的关系。

在心理学上，这些言辞表达、表情、手势等身体语言以及控制情绪的方法等与建立人际关系相关的各类技巧统称为"社交技巧"。

所谓社交技巧并不是说心里知道或者喊个口号就算社交技巧，它是一个个具体的方法。比如，心里知道"我要认真听朋友讲话"这并不是社交技巧，"认真听朋友讲话的具体方法"才是；喊个口号"拿出勇气来吧"这也不是社交技巧，"能够拿出勇气来的具体方法"才是。

因为社交技巧是一门技术，所以只要理解并加以练习，谁都能够掌握。它和孩子学骑自行车是一个道理。一开始，双手紧紧握着把手，双脚战战兢兢地踩着踏板，十分不自然。但随着不断练习，久而久之就可以轻松地骑得飞快。社交技巧也是如此，乍一看觉得这么难我怎么可能学得会呢？但只要加以练习，就能自如地运用到与朋友的交往中。到那个时候，孩子就能顺利地和朋友开始一段友谊并逐渐使友谊加深。

我由衷地希望，每一个孩子都能带着能够处理人际关系的勇气和信心，每天快乐地去上学。

筑波大学大学院人类综合科学研究科教授
相川充

导读

关于本书中出现的场景

孩子在学校需要处理的人际关系主要就是与朋友以及与老师的关系。本书以如何顺利地建立并加深这些关系为主要场景进行设定、编写。

首先,第1章至第3章介绍了孩子在与朋友相处时应该如何展现自己、如何表达自己的想法、如何控制自己的情绪,以及如何正确认识自己等场景。接着,第4章、第5章介绍了如何处理与朋友相处时可能面临的情况(想要帮助朋友时或者因为和朋友的关系出现问题而感到苦恼时)。随后,第6章介绍了孩子必须自己获得主动权的情况。最后,第7章介绍了如何处理和老师的关系。

关于各章节

- 第1章　想要抓住契机

孩子们会经历与朋友的各种各样的相遇。这里的相遇,不仅限于新学期开学时,它还包括每天早上和朋友的相遇,与后面加入自己小团体的新朋友的相遇,等等。在学校,每天都会有相遇,这些相遇的瞬间决定了与朋友关系的质量。如果能够很好地抓住这些相遇时的契机,之后的进展也会意外地顺利。这一章将介绍能在6个具体情况下发挥作用、让孩子抓住契机的方法。

- 第2章　想要表达自己的心情和想法

有的孩子尽管很想跟他人表达自己的心情和想法,但却因为害羞、不安等原因不能很好地表达。另外,还有一种孩子,会不顾对方的情绪和当时周围的情况，单方面不停地输出自己的想法。在这一章，会先介绍为什么向朋友表达自己的心情和想法是一件好事。在此基础之上，会涉及具体的措辞、身体语言、表情等传达技巧。

- 第 3 章 想让自己的心情平静下来

无论知道多少与朋友交往的技巧与方法，在实际生活中也很难充分发挥作用。妨碍使用这些技巧与方法的主要原因是感情。"这么说的话会被大家笑话吧""到底会不会顺利啊"等这些不安、羞耻、恐惧等感情，妨碍了孩子去使用这些技巧。另外，愤怒的感情会让人失去理性判断的能力，甚至诱发语言粗鲁和暴力行为。在这一章会介绍在 6 个具体场合下控制自己感情的技巧。

- 第 4 章 想要帮助朋友

要想加深和朋友之间的友谊，不能总是被动接受的一方，要主动向前迈出一步，拉近与对方的距离。有福同享，有难同当，因对方的喜悦而喜悦，因对方的悲伤而悲伤。像这样，对朋友的经历感同身受，才能加深友谊。在这一章，将介绍与朋友一起活动、分享感情、加深友谊的技巧。

- 第 5 章 想要摆脱困境

班级同学性格迥异。既会有鼓励你、与你分享喜怒哀乐的好友，也会有与你不太合得来、玩不到一块的"对头"。当有人对你做出不友善的举动时，如果不能很好地应对，即使最初只是一件很小的事情，最后也可能会演变成严重的问题。这一章将主要介绍受到别人不友善对待时的应对技巧。这些技巧可以很好地防止孩子内心（身体）受伤。

- 第 6 章 想要团结大家

想要站出来说点什么，从而带领其他小伙伴。具有这种倾向的孩子，有领导他人的潜质，家长和老师要重视并培养孩子的这种领导能力。但有些孩子真的成为领导者之后，又会因为不知道怎么做而苦恼。同为领导者，有一种是意气风发、干劲十足，凡事均要亲力亲为的；而还有一种则是颐指气使，强迫其他孩子做事情的。在这一章，将介绍领导其他孩子的技巧。

- 第7章　与老师的交往

孩子在学校能够遇到的大人就是老师。对于孩子来说，老师不仅是教授知识的大人，他们也是大人中的代表。如何与代表大人的老师接触并交往？如果能够掌握这方面的技巧，孩子也就掌握了与父母以及社会上其他大人接触的基本方法。在这一章，主要介绍孩子与老师接触并交往必备的基本技能。

关于作业

本书一共设计了七个小作业。关于社交技巧培养方法的实践活动市面上已经有很多相关介绍，这里选用了一些孩子会喜欢的、可以实践的活动。

这些活动是对本书内容的补充，要联系本书内容进行实践。但这里介绍的活动，只是一个示例。在具体实施时，不用拘泥于书中所写的"流程"，可以加一些自己的想法，灵活变通。最后，读者还可以参考本书介绍的活动，思考出一些新的孩子会喜欢的、能够培养孩子社交技巧的小活动。

目录

第 1 章　想要抓住契机

1　早上和小伙伴相遇时……………………………… 2
2　做自我介绍时……………………………………… 4
3　和要好的小伙伴分开时…………………………… 6
4　想要加入一个新的小团体时……………………… 8
5　当想要加入一个新团体却被拒绝时……………… 10
6　想要邀请落单的小朋友一起玩儿………………… 12
作业 1　了解自己、喜欢自己 ……………………… 14

第 2 章　想要表达自己的心情和想法

7　想要表达自己愉快的心情时……………………… 18
8　想要对方理解自己的悲伤情绪时………………… 20
9　想要表达自己想做的事情时……………………… 22
10　想得到朋友的帮助时 …………………………… 24
11　想要与闹别扭的朋友重归于好时 ……………… 26
12　让对方生气后想取得对方的原谅时 …………… 28
13　因为突然有急事而不能遵守和朋友的约定时 … 30
14　想要在不伤害朋友的前提下陈述反对意见时 … 32

| 15 | 想要向朋友表达不满时 ………………… | 34 |
| 16 | 想要委婉地提醒对方时 ………………… | 36 |

作业 2　做一个自我宣传 ………………… 38

第 3 章　想让自己的心情平静下来

17	被朋友笑话时 ……………………………	42
18	必须与自己不善于应付的人一起活动时 ……	44
19	当自己发出的邀请被拒绝时 ……………	46
20	当朋友没能遵守约定时 …………………	48
21	火冒三丈时 ………………………………	50
22	控制不住感到愤恨时 ……………………	52

作业 3　扩展关于心情的词语 …………… 54

第 4 章　想要帮助朋友

23	听朋友倾诉烦恼时 ………………………	58
24	当朋友身上有好事发生时 ………………	60
25	想要鼓励心情低落的朋友时 ……………	62
26	想要缓解朋友紧张的情绪时 ……………	64
27	想要安慰哭泣的朋友时 …………………	66
28	想要帮助独自忙碌的朋友时 ……………	68
29	想要为努力的朋友加油助威时 …………	70

作业 4　寻找朋友的优点 ………………… 72

第 5 章　想要摆脱困境

- 30　收到别人不合理的邀请时 …………… 76
- 31　被小伙伴取笑的时候 ………………… 78
- 32　想要对方明白自己在理时 …………… 80
- 33　想要自证清白时 ……………………… 82
- 34　想要平息朋友的愤怒时 ……………… 84
- 35　不想再被别人说坏话时 ……………… 86
- 作业 5　练习如何拒绝别人 ……………… 88

第 6 章　想要团结大家

- 36　想要活跃气氛时 ……………………… 92
- 37　想要巧妙地整合敌对意见时 ………… 94
- 38　作为团队领袖想要团结大家时 ……… 96
- 作业 6　掷骰子做 1 分钟演讲 …………… 98

第 7 章　与老师的交往

- 39　被要求在大家面前发言时 …………… 102
- 40　不得不进老师的办公室时 …………… 104
- 41　想和工作中的老师说话时 …………… 106
- 42　遇到严重的突发事件时 ……………… 108
- 作业 7　让我们不出声地对话吧 ………… 110
- 本书主旨说明 …………………………… 112

第1章
想要抓住契机

1 早上和小伙伴相遇时

每天早上见到小伙伴有没有问一声"早上好"呢？放学后，有没有好好跟小伙伴告别，说一句"拜拜""再见""明天见"呢？

你的问候有很好地传达给对方吗？有时是否明明发出了问候却被小伙伴忽视了呢？

又或者，当你对小伙伴说一声"早上好"，然后小伙伴也热情地回了一句"早上好"时，你是否也曾因此而感到心情舒畅呢？

因为班里的小伙伴每天都会见到，所以可能有时没有好好地看着对方的眼睛打招呼，或者是打招呼的方式有些敷衍随意。

问候的言语虽然简单，但是问候的方式不同，对你与小伙伴之间关系的影响也大有不同。

容易产生的情绪 问候太麻烦了，不问候也可以吧。

面对每天都要见面的朋友，或者经常问候对方却得不到回应，久而久之就会感受不到问候的意义，容易觉得"问候"这件事情"很麻烦"。

● 问候，是结交新朋友并维系友谊的魔法语言

（1）问候能为我们结交朋友提供契机

问候是在向对方传递"我对你有兴趣"的信息。以问候为契机，可以打开话题。问候是将你与对方联结起来的魔法语言。

（2）问候会成为信号

问候是一种信号，是在告诉对方"接下来我要找你说话了"。被问候的一方接收到这个信号后，就会做好听你说话的心理准备。

（3）通过问候可以知道对方的身体状况

面对你的问候，如果对方用明亮的声音回应你，说明他今天很健康，元气满满。如果回应你的声音有些低沉，那或许说明他今天身体状况不太好。

（4）问候能让内心变得温暖

无论是问候的一方，还是被问候的一方，都能感受到"自己不是孤身一人"，然后心里变得暖暖的。

必备社交小技巧

1 能让你与小伙伴关系变好的问候方式

早上好，小高同学！

啊，你换新书包啦？

（1）自己率先打招呼

早上见到朋友，自己主动打招呼。一句"早上好"，甚至哪怕说一声"嗨"都很好。

（2）问候时一定要带上对方的名字

问候语的前面或后面一定要加上对方的名字。加上名字后，对方就会知道你是在跟他打招呼。被问候的人会因为自己的名字被叫到而感到被珍视，因此会觉得与问候自己的人关系亲近。

（3）问候之后再加一些话题

尽可能地在问候了一句"早上好"之后，再加上一些话题继续聊天。可以问一问对方的近况，或者聊聊自己的近况，还可以问问对方今天有什么安排，或者昨天过得怎么样等。问候是一个契机，借着这个契机，可以开启"聊天模式"，交到更多朋友。

2 问候时，要微笑着、看着对方的眼睛，声音清晰响亮

早上好！

问候时，要看着对方的眼睛，带着微笑，用对方能听清的音量去问候。如果对方离你比较远，可以先走到对方身边再打招呼。如果实在无法走近，可以朝对方挥挥手，这样更能让对方注意到。

2 做自我介绍时

当进入新的学校或者重新分班后,又或者加入了新的社团时,总需要在大家面前进行自我介绍。

这时,会不会有人觉得"反正都已经被分到同一个班(进入同一个社团)了,来日方长,以后自然而然就会互相了解了,所以没必要刻意做自我介绍了吧"。

确实,哪怕不做自我介绍,随着相处的时间逐渐累积,也许有些人自然就能彼此熟悉起来。但如果仅凭顺其自然,也有可能无论过多久都没人了解你。不仅如此,太过任凭顺其自然,甚至还有可能招致误解。

自我介绍,是一次让大家正确了解真实的你的绝好机会。

容易产生的情绪 好麻烦呀,没必要吧。说些什么才好啊?

自我介绍似乎已经成了每次重新分班后的"固定节目",久而久之有些孩子会觉得很麻烦、没有必要。或者,有些孩子不擅长在大家面前讲话,不知道要讲些什么,很纠结,很焦虑。

自我介绍是一次绝好机会

(1)是一次让大家了解你的机会

自我介绍是一次绝佳的机会,让初次见面的人可以相互了解。借此机会将真实的自己展现出来,以后也不容易招致误解。

(2)是一次练习在大家面前讲话的机会

自我介绍是一次练习在大家面前讲话的机会。需要在大家面前发表意见时,会因为担心意见是否正确而紧张。但自我介绍没有对错,表达真实的自己就可以了,所以是一次不需要担心的讲话练习。

(3)是一次重新审视自己的契机

在进行自我介绍时,为了能够让对方正确地了解你是一个怎样的人,需要本人认真地去思考一下自己,这时就是一次很好的重新审视自己的机会。

必备社交小技巧

1 找出自己的特点

① 我喜欢（或擅长）的事情是什么？

② 我现在正在为之努力的事情是什么？

③ 我的优点有什么？

进行自我介绍前，先自己想想以上3个问题吧。

2 介绍完自己的名字后追加3个自己的特点

介绍完自己的名字后，再以①喜欢的事情（擅长的事情）+②正在努力的事情+③优点的顺序完成自我介绍。如果可以的话，再加上一些更具体的内容，比如"我正在学习钢琴，下个月有一场演奏会""现在正为了下个月的演奏会坚持每天练习1小时"等。这样更能引起听者的关注。

3 抬头挺胸，注意音量和语速

低着头一个人自言自语似的自我介绍会让大家听不清你的声音，也看不见你的表情。自我介绍时，要面向大家，大声地、清晰地、语速正常地说话，保证让坐在最远处的小伙伴也能听清。

3 和要好的小伙伴分开时

如果有关系好的小伙伴在身边，每天都会过得快乐且安心。

但是，进入新学校、重新分班、换座位等情况发生时，会不得不与要好的小伙伴分离。这时，无论是谁都会感到不安、感到孤独。

但如果能和新同学、新同桌构筑起良好的友谊，就又能快乐、安心地迎接学校生活了。

总之，先主动去与新同桌或是自己认为能合得来的新同学聊天吧，去努力尝试结交新的朋友吧。

容易产生的情绪 因与小伙伴分开而感到不安。

与要好的朋友突然分开，又不得不去和新同学交朋友。因为担心能否顺利交到新朋友而感到焦虑不安。

● 大家都不安，所以现在正是结交新朋友最好的机会

（1）无法避免与小伙伴分离

谁都想关系亲密的小伙伴永远陪在自己身边。但无论怎样努力，都会有很多事情身不由己、无能为力，比如分班、升学等我们无法避免的事情，总会导致我们与小伙伴分离。

（2）大家都不安

当与曾经的小伙伴分开时，我们都会担心"我能不能交到新朋友呢"？其实周围的每一个人都有着这样的担忧，所以此时正是结交新朋友最好的机会。

（3）与各种类型的人成为朋友吧

既然是难得的结交新朋友的机会，那么不妨试试与不同类型的人做朋友吧。与各种类型的人做朋友，自己的想法、行为会发生变化，内心也会得到历练。

必备社交小技巧

1 从问候开始

主动说出"早上好""再见""明天见"等问候语,是结交新朋友的契机。虽然还没有与对方成为朋友,但打招呼是一件很轻松就能做到的事情。如果可以的话,尽量在问候语的前面或后面加上对方的名字。

2 送上温暖的话语

如果你想和他成为朋友,那么当他遇到困难时,不妨上前问一声"没事儿吧"。当他正在努力做某事或者很好地完成了某事时,可以说上一句"你真的很努力呀""你做得真棒"等。对方听到后也会感到安心和愉悦,进而也会想要与你成为朋友。

3 伸出援手

共同做某件事情,是你们成为朋友的绝佳契机。如果你想与他成为朋友,当他遇到困难时,你可以主动伸出援手。对方会感谢你的帮助,也会因此想与你成为朋友。不是用询问的语气问对方"需要我帮你吗",而是直接用肯定的语气说"我来帮你",这是秘诀所在。

4 想要加入一个新的小团体时

因为进入新学校或重新分班,和以前的小团体分开后,可以在新环境里重新组建一个小团体,或者加入一个已经存在的氛围很好的团体。

这时候你可能会觉得,这个小团体里大家已经很要好了,自己后加进去,想要融入大家估计会很困难。尽管如此,你还是想要加入大家。可又觉得哪怕自己鼓起勇气,表达了想要加入大家的想法,也可能会被大家拒绝。一想到这里,你就焦虑不已。

但如果你一直不说的话,你就永远无法加入大家。

容易产生的情绪 万一被拒绝了怎么办……

加入一个原本成员已经很要好的团体是一件极其需要勇气的事情。内心会十分犹豫——我到底该怎么说呢?怎么说才好呢?而且,一旦被拒绝,内心又会受伤。

 团体成员各种各样的反应

―(1)有的孩子会讨厌新成员―

好友团体是一群好朋友的集合,对于已有成员来说,保持现状就是最舒服的状态。一旦迎来新成员,有的孩子会觉得成员间关系发生了一些微妙的变化,并且因此感到不安。

―(2)有的孩子会欢迎新成员―

虽然是一个小团体,但并不意味着所有成员的想法都一样。如果你提出:"能加我一个吗?"也一定会有欢迎你的小伙伴。

必备社交小技巧

1 尝试"让自己鼓起勇气的自我对话"

说出"我想加入你们"是需要勇气的,所以我们可以在心里面为自己加油打气,反复对自己说:"加油!""鼓起勇气来!""一定没问题!"不断地进行自我暗示,自然而然就会鼓起勇气。这叫作"让自己鼓起勇气的自我对话"。

2 大声说出:"加我一个吧!"

如果想加入对方的小团体,就大胆、坦诚地说:"加我一个吧!"除此之外,还可以说:"大家在做什么呀?""我可以一起玩儿吗?""这个看起来好有趣啊!"等。可以把自己能够说出口的话提前准备好。

3 注意能够传达心情的表达方式

| （1）靠近小团体,表达自己想要加入他们 | （2）看着小团体里比较像"中心人物"的小朋友的脸 | （3）用对方能够听得清的音量大声说 | （4）带着明朗的微笑去说 |

表达自己想要加入大家时,不只是通过语言说"加我一个"就行了,表达方式极为重要。首先要靠近对方,这样对方才能听得到。其次要看着对方的眼睛、用明亮的声音去说。盈盈笑脸也十分重要。如果小团体里有似乎能够决定是否接受你的"中心人物"存在,就看着他的脸去表达。

5　当想要加入一个新团体却被拒绝时

有一个小团体，成员们正开心地玩着游戏，当你鼓起勇气问"可以加我一个吗"时，他们往往会很欢迎你的加入。

但并不是说百分之百一定会被接受并欢迎。有时候也会被拒绝。

下了很大的决心才鼓足勇气拜托他们，却被他们拒绝了。换作是谁都会很失望、很难过，感觉内心受到了伤害，甚至可能会想"我以后再也不会去加入别人的小团体了"。

尽管如此，我们要知道，当我们拜托别人一件事情时，总有可能被拒绝。没有人会事事如愿。如果提前做好了这个心理准备，那么在被拒绝时，就不会那样受伤了。让我们来思考一下，当我们拜托他人时，需要做怎样的心理准备呢？

容易产生的情绪　是不是我哪里做得不好？

是我哪里做得不好，才被大家拒绝的吧……

当我们鼓起勇气，请求对方带上我们一起玩耍，却被对方拒绝时，会怀疑是不是我们哪里做得不好，会失去自信变得消沉。如果被完全无视，内心会更为受伤。有的孩子可能会因此再也不愿提出"加我一个"的请求。

● 被拒绝是一件很平常的事情

（1）被拒绝并不稀奇

拜托他人却被拒绝，这是一件再平常不过的事情了。被拒绝的原因有可能在你，也有可能在对方。

（2）被拒绝也没必要失落

总会有人答应你的请求，也总会有人拒绝你的请求，这是人之常情，你没有必要为此感到深深的沮丧和失落。

必备社交小技巧

1 走近对方，再一次清晰且大声地说："加我一个吧！"

有时候并不是被拒绝了，而可能是因为距离太远、声音太小，对方并没有听到，或者并没以为是在跟他说话。要走近对方，清晰大声地说，确保对方能够听到。

2 不要强求，适时放弃

如果已经按照上述方式做了，却还是被对方拒绝，那么就大大方方地走掉，放弃加入他们。我们没有必要加入一个屡次拒绝我们的团体。

3 寻找适合自己的团体

一定会有一个小团体是适合自己的。试着去找一找其他自己想加入的小团体吧。

6 想要邀请落单的小朋友一起玩儿

　　课间休息时，总会有些孩子落单。他们一个人安静地坐着看书，时而抬起头看看班级里嬉笑打闹着的其他孩子。或许他们就喜欢独自一人安静地看书，但他们看起来或多或少有些孤单。

　　当你看到这样的孩子时，会想着"要不要上去跟他打个招呼呢"？遇到这种情况，我们到底要怎么做才好呢？

　　注意到了一个落单的孩子，想要上前搭话，却总感觉有些难以启齿。但如果不主动和他搭话，也许永远都无法和他成为朋友。总之，先试着上前和他打声招呼吧。只是这简单的搭话，也是有技巧的。

　　班里有新同学转来后，当你想要和他成为朋友时，也可以使用这个技巧。

容易产生的情绪　好想叫他一起呀。但还是算了，别管他了吧。

看见有孩子落单，一个人看书，想上前叫他一起玩儿，却又想着他是不是就喜欢一个人待着看书？因此感到迷茫，不知道该怎么办才好。

哪怕是喜欢自己一个人待着的孩子，被别人关心和搭话也会感到开心

（1）无论是谁，一直独自待着总会感到无聊

　　独自一人待着并不见得是他喜欢这样，就算是他喜欢享受一个人的时间，但总是一个人待着，久了也会无聊。独自一人看书的孩子，或许正想着找谁聊聊这本书的内容呢。

（2）被关心、被搭话，无论是谁都会感到开心

　　有人找我们说话，这对于每个人来说都是一件很值得高兴的事情。有人找我们说话，说明有人在关注、关心我们。被大家无视、没有人在意才是最可怕的事情。

（3）拥有处理人际关系的自信

　　如果是自己主动上前搭话然后与对方成为了朋友，那么自己在人际交往方面也会拥有信心。因为自己可以看到，他人也可以看到"我拥有与人构建良好友谊"的能力。

必备社交小技巧

1 微笑着走近对方

（1）靠近对方

走近对方这件事本身就是在向对方传达"接下来我要找你说话"的信号。对方也因此更容易做好心理准备。如果隔得太远，对方则很有可能听不清你的声音。

（2）微笑着看着对方的眼睛，用对方能听清的声音大声地说

看着对方的眼睛，带着微笑跟对方说话，表示自己不是来吵架的。

声音的大小对方能听清就够了。太大的话对方也会吓一跳。

2 主动搭话

（1）说一说对方正在做的事情

直接说出对方正在做的事情。如果对方正在读书，就说一句"你在读书呀"。如果并不清楚对方在做什么，就可以问一句"你在做什么呀"？

（2）邀请对方"一起玩儿吧"

无论对方有没有回应、回应的内容是什么，都可以用明快的声音邀请对方，跟对方说："我们一起玩儿吧！"

3 再邀请一次，拉一拉对方的手臂

面对自己的邀请，如果对方有些犹豫，可以试着再说一次"我们一起玩儿吧"。此时，可以拉一拉对方的手臂。但是，不要生拉硬拽。如果对方无论如何都不愿意，那就不要勉强了。

作业 1 | 了解自己、喜欢自己

1. 你是一个怎样的人呢？

几岁？男孩子？女孩子？家乡是哪里？说到自己，其实我们很少认真地去思考关于自己的事情。请写下 20 个关于自己的事实。虽然 20 个听起来好像有些多，但无论多微不足道的内容都可以写上去。处理人际关系，我们要做的第一件事就是认识自己、了解自己、接纳自己、喜欢自己。

① 我是＿＿＿＿＿＿＿＿＿＿＿＿＿＿＿＿＿＿＿＿。（写下自己的名字）
② 我是＿＿＿＿＿＿＿＿＿＿＿＿＿＿＿＿＿＿＿＿＿＿＿＿。
③ 我是＿＿＿＿＿＿＿＿＿＿＿＿＿＿＿＿＿＿＿＿＿＿＿＿。
④ 我是＿＿＿＿＿＿＿＿＿＿＿＿＿＿＿＿＿＿＿＿＿＿＿＿。
⑤ 我是＿＿＿＿＿＿＿＿＿＿＿＿＿＿＿＿＿＿＿＿＿＿＿＿。
⑥ 我是＿＿＿＿＿＿＿＿＿＿＿＿＿＿＿＿＿＿＿＿＿＿＿＿。
⑦ 我是＿＿＿＿＿＿＿＿＿＿＿＿＿＿＿＿＿＿＿＿＿＿＿＿。
⑧ 我是＿＿＿＿＿＿＿＿＿＿＿＿＿＿＿＿＿＿＿＿＿＿＿＿。
⑨ 我是＿＿＿＿＿＿＿＿＿＿＿＿＿＿＿＿＿＿＿＿＿＿＿＿。
⑩ 我是＿＿＿＿＿＿＿＿＿＿＿＿＿＿＿＿＿＿＿＿＿＿＿＿。
⑪ 我是＿＿＿＿＿＿＿＿＿＿＿＿＿＿＿＿＿＿＿＿＿＿＿＿。
⑫ 我是＿＿＿＿＿＿＿＿＿＿＿＿＿＿＿＿＿＿＿＿＿＿＿＿。
⑬ 我是＿＿＿＿＿＿＿＿＿＿＿＿＿＿＿＿＿＿＿＿＿＿＿＿。
⑭ 我是＿＿＿＿＿＿＿＿＿＿＿＿＿＿＿＿＿＿＿＿＿＿＿＿。
⑮ 我是＿＿＿＿＿＿＿＿＿＿＿＿＿＿＿＿＿＿＿＿＿＿＿＿。
⑯ 我是＿＿＿＿＿＿＿＿＿＿＿＿＿＿＿＿＿＿＿＿＿＿＿＿。
⑰ 我是＿＿＿＿＿＿＿＿＿＿＿＿＿＿＿＿＿＿＿＿＿＿＿＿。
⑱ 我是＿＿＿＿＿＿＿＿＿＿＿＿＿＿＿＿＿＿＿＿＿＿＿＿。
⑲ 我是＿＿＿＿＿＿＿＿＿＿＿＿＿＿＿＿＿＿＿＿＿＿＿＿。
⑳ 我是＿＿＿＿＿＿＿＿＿＿＿＿＿＿＿＿＿＿＿＿＿＿＿＿。

2. 你喜欢你自己吗？

一个人，如果连自己都不喜欢自己，那么别人又为何会喜欢你呢？写出自己的 10 个优点和 10 件擅长的事情。哪怕自己觉得"好像也没那么厉害"，也尽数写下来吧。在了解了自己的优点和长处后，就会变得喜欢自己了。

- 写出自己的 10 个优点。

① 我的优点有_____。
② 我的优点有_____。
③ 我的优点有_____。
④ 我的优点有_____。
⑤ 我的优点有_____。
⑥ 我的优点有_____。
⑦ 我的优点有_____。
⑧ 我的优点有_____。
⑨ 我的优点有_____。
⑩ 我的优点有_____。

- 写出 10 件擅长的事情。

① 我擅长_____。
② 我擅长_____。
③ 我擅长_____。
④ 我擅长_____。
⑤ 我擅长_____。
⑥ 我擅长_____。
⑦ 我擅长_____。
⑧ 我擅长_____。
⑨ 我擅长_____。
⑩ 我擅长_____。

3. 将上面写到的 20 个关于你的事实、你的 10 个优点、10 件擅长的事情大声读出来。这个人就是你。最后再试着大声说一句："我喜欢我自己！"

现在，你的心情如何？

第2章
想要表达自己的心情和想法

想要表达自己愉快的心情时

自己不擅长的科目考了满分，你一定会十分高兴。同时，你也一定想把这份喜悦分享给自己的好朋友。或许你会想告诉他自己是如何努力学习的，能够考满分自己是多么惊讶。

如果什么都不说，对方当然不会知道你的心情。用语言将自己的心情表达出来，在人际交往中十分重要。

但是，如果只是告诉对方"我很开心"，那你为什么开心呢？朋友们不得而知。你突然跟朋友说"我好开心呀"，对方只会一头雾水。不仅如此，你的这份"开心"也可能会被对方误解成"骄傲与炫耀"。

那么，究竟如何才能很好地表达自己的心情呢？

容易产生的情绪 因为我脸上笑嘻嘻的，不用我说，他们应该也能明白吧！

当你遇到开心的事情时，你总是容易期待不用自己开口说，只是笑一笑、摆个胜利的手势，朋友们就能明白你的那种愉快的心情。

● 愉快的心情，要用语言表达才能得到对方的理解

（1）愉快的心情只有用语言表达出来才能传达给对方

如果你不说出来，谁都不会知道你为什么高兴。只有自己开口用语言说出来，你周围的人才会知道你愉快的心情以及你开心的原因。

（2）愉快的心情如果不用语言表达出来，还有可能招致误解

如果你只是笑嘻嘻的，或者只是用手做了一个表示胜利的手势，周围的人是不会明白你的心情的，甚至可能会对你产生误解，觉得你是在炫耀。

（3）用语言表达出来，你会更加开心

将你愉快的心情用语言表达出来，你会更加开心。因为在表达的过程中，你能再次确认自己的这份心情。

必备社交小技巧

1 选择能够与你分享喜悦的朋友

当你考了满分正满心欢喜时,你需要选择一个能够感受你的情绪、能够与你共享喜悦的朋友。

2 询问对方能否倾听你的话语

哪怕是你认为可以倾听的朋友,你也不知道此时此刻他是否做好了倾听的准备。在你向他表达情绪之前,可以向他确认一下,询问他"现在可以听我说说话吗",如果对方回答"怎么啦""什么事情呀""可以呀",那么你就可以向他表达你的心情啦。

3 加上(开心的)程度和理由

如果只是说"我现在心情好",或许并不能很好地向对方传递你此刻愉快的心情。①你有多么的开心?②你为什么开心(理由)?如果加上这两点,对方就能更好地感受到你的开心了。

4 思考更多的说法

"愉快"的心情还有更多不同的说法(表达)

| 太棒了 | 很满足 | 幸福 | 像做梦一样 | 我做到了 | 感觉很好 | 很激动 |

虽然当你感到开心时你就说你"开心"就可以了,但如果你能用更丰富的语言去表达你的开心,对方也能更好地去理解你的心情,分享你的喜悦。

8 想要对方理解自己的悲伤情绪时

当你感到悲伤时，你会希望身边的人能够理解你的悲伤。但这并不是一件容易的事情。

比如，家里养了多年的小宠物离世了，你感到十分悲伤，在班里也是无精打采的。如果你什么也不说，朋友们能看出来你难受，但并不知道你为什么难受。

另外，如果你只是说"我好伤心"，即使朋友们能够了解到你正在伤心，但你为什么伤心，究竟有多么伤心，朋友们却不得而知。

那么，希望朋友们能够了解你的悲伤时，应该如何做呢？

容易产生的情绪 我的悲伤情绪，即使不开口说，大家也能知道。

当我们感到悲伤时，常常会无精打采，想法也会变得消极，容易觉得"没有人能够对我的悲伤感同身受"。或者会认为"如果是真朋友的话，即使我什么都不说，看我无精打采的样子也应该能注意到我的悲伤情绪"。如果朋友没有理解你的情绪，甚至还会在心里责怪朋友。

● 正确表达自己的悲伤情绪，能够收获力量

（1）悲伤的情绪可以发泄出去

如果悲伤的情绪不断累积，我们就会变得消沉、无力。但如果哪怕只是对朋友倾诉，便立马就能重获能量。通过向朋友倾诉，可以将内心的悲伤情绪发泄出去。

（2）或许能够找到解决办法

在向朋友倾诉悲伤情绪时，自己的心情也能得到整理，接下来该怎么办，有时自然而然就能找到答案。

（3）与朋友的关系能够变得更亲密

如果能够让朋友感受到你的悲伤，那么你与对方的友情也会得以加深。因为当朋友了解到你的悲伤时，会想要安慰你、鼓励你。

必备社交小技巧

1 选择愿意听你倾诉悲伤的朋友

并不是任何人都愿意听你倾诉悲伤。因为向对方倾诉悲伤后有时也会造成对方的心理负担。而且，如果对方没有认真倾听你说的话，那么你会变得更加悲伤。首先，你要找到一个能够认真倾听你倾诉的人。

2 拜托对方倾听你说话

> 你有时间听我跟你说说心里话吗？

> 什么？怎么啦？可以呀。

即使是能够认真倾听你说话的人，或许也需要一些调整心情的准备时间。在倾诉自己的悲伤之前，首先问一问"你有时间听我说说话吗"，等对方回答"好呀""怎么啦""发生什么事情了"等之后再开始倾诉。

3 表达悲伤的理由与程度

（1）理由
　　我家里养的我一直很疼爱的小猫"咪咪"昨天离世了。

（2）程度
　　我真的好伤心啊。从昨天一直哭到了今天早上。

如果只是说"我好伤心"，那么对方并不知道你伤心的理由和具体程度。在倾诉时，记得加上以下两点：①为什么伤心（理由）？②到底有多么伤心（程度）？

4 表达谢意

> 谢谢你听我说了这么多呀！

朋友听你说了这么多、这么久，一定会有些累吧。如果朋友认真听完了你的倾诉，请你一定记得说一声"谢谢"。听到你的感谢，朋友也会重新打起精神来。而且，在你说"谢谢"的时候，也是对悲伤情绪的一次整理，悲伤到此为止，接下来打起精神来吧。

9 想要表达自己想做的事情时

班级里有各种各样的人,这里面一定会有与你想法、意见不同的朋友。如果总是遵从他们的意见,你就不能去做自己想做的事情了。

为了能够做自己想做的事情,我们有必要告诉朋友自己的真实想法。若沉默不言,朋友则无法知道我们想做什么。

但是,告诉朋友自己的真实想法很重要。因为你想做的事情与朋友想做的事情不一样。如果只是一味地强调自己想这样做,意见会出现分歧,若谈得不好甚至还会吵起来。

让我们掌握下面的表达技巧,既能照顾到朋友的感受,又能明确地表达出自己的真实想法。

容易产生的情绪 期待、放弃、责怪。

(1)期待
就算我不说,他也应该能知道我想做什么。

(2)放弃
算了吧,反正就算我说了我想做什么,他也不会听我的。

(3)责怪
像吵架一样大声说出自己想做的事情,谁更强硬谁就赢了。

当我们与朋友的意见产生分歧时,我们容易采取以下三种行为中的一个:①天真地有所期待;②干脆放弃;③攻击。选择①、②的情况,因为我们没能说出自己的想法,导致尽管不满,却还是勉为其难地配合对方做对方想做的事情。如果选择③,则会争吵起来。这时,哪怕强硬地占据了上风,做了自己想做的事情,但之后和朋友的关系也会变得大不如前。

● 如果能够很好地表达自己想做的事情,则可以获得自己接受、对方也接受的双赢结果

(1)告诉对方自己想做的事情
明明自己有想做的事情,却不告诉对方,对方会以为你没有想做的事情。只有你自己将想做的事情说出来,对方才能知道。

(2)心情会变得舒畅
明明有想做的事情却憋着不说,会很失落很难受。如果说出来,心情会舒畅不少。

(3)会变得更加自信
告诉对方自己想做的事情,得到对方的理解和认可,从而做成了自己想做的事情,我们会变得更加自信。今后也会成为一个善于表达自己想法的人。

(4)和朋友的关系会变得更好
如果总是按朋友说的去做,不断地压抑自己的想法,你和朋友的关系会逐渐恶化。如果能够巧妙地表达你自己的真实想法,你和朋友互相都能得到满足,关系也会因此变得更好。

必备社交小技巧

1 考虑对方的感受，表达自己意见的诀窍

（1）重复对方的想法——"原来你想×××呀"

原封不动地重复一遍对方的想法。这样你既可以确认对方的想法，又可以让对方知道他的想法已经清晰地传达给你了。

（2）明确地表达自己的想法——"我想×××"

向对方明确地表达自己想做的事情。这样能够让对方知道你也有想做的事情。

（3）陈述自己这样想的理由——"我为什么想要这样呢"

在说完自己的想法后，一定要加上理由。说明白你为什么想要这样，对方听过之后也更容易接受。

（4）尽可能地提供补偿方案

为了能够让自己的想法得到对方的同意，你要尽可能地给出满足对方想法的补偿方案。但是，如果实在没有，也不需要强行去想。

2 看着对方的眼睛，清晰、缓慢地去说

清晰、缓慢地去说

如果眼神闪躲，或者声音很小，又或者语速很快，对方会觉得你的想法其实也没有很强烈，然后会强硬地坚持他自己的想法。如果你看着对方的眼睛，真诚地、用对方能够听清的音量慢慢地去说，对方更能够感受到你想做那件事的心情。

10 想得到朋友的帮助时

在向朋友求助时，要将自己的弱点暴露给对方，可能你会觉得自己被对方抓住了弱点。另外，一旦得到了对方的帮助，会想着自己总有一天要把这份人情还给对方。因此，你有时会纠结到底要不要找朋友帮忙。

但是，有时候，有些事，仅凭一个人的力量是无论怎样都办不到的。这时，可以寻求朋友的帮助。没有人可以独自支撑一切。每个人都在一边接受着他人的帮助，一边努力地生活。学会更好地寻求帮助，也就学会了更好地生活。

如果你自己默默承受一切却什么也不说，那么谁也不会来帮助你。当我们实在遇到困难时，大胆地说出"请帮帮我吧"。

容易产生的情绪：放弃、责怪周围人、命令。

（1）放弃
觉得求别人帮忙很难为情，于是坚持一个人奋战。

（2）责怪周围人
我遇到困难了，为什么周围人都不主动帮我？

（3）命令
大声地命令他人帮助你。

想要寻求他人的帮助时，脑子里容易冒出以下三种想法：①放弃；②责怪周围人；③命令他人帮助你。当选择①和②时，因为你没有主动求助，所以往往不会有人帮助你。如果选择③，或许当时可以得到他人的帮助，但后续与对方的关系可能会恶化。

● 如果我们温柔地求助，对方也会乐于帮助我们

（1）告诉对方我们需要他的帮助
如果希望别人帮助我们，但却藏在心里不说，那么朋友或许不会注意到我们正在遭遇困难。只有我们表达出来，朋友才能意识到。

（2）和朋友的关系会变得更加亲密
如果朋友帮助了你，你会感谢他，也会更加珍惜与他的友谊。帮助你的那位朋友也会因此感受到你们之间的关系变得更好了。如果你能真诚地寻求帮助，那么你们彼此都会获得满足，关系也会变得更加亲密。

（3）生活会更加安心
当你知道如果遇到困难可以向朋友寻求帮助后，你也会更加安心地去享受学校生活。当你知道总有一位朋友能在你遇到困难的时刻伸出援手时，你的精神也不会再那样紧绷了。

必备社交小技巧

1 让朋友愉快地帮助你的求助小技巧

> 不好意思呀，小吉。这些如果只有我一个人收拾的话，下节课就要迟到了。
>
> 你能帮我一起收拾一下吗？就帮我收拾一下烧杯就好了。如果能有你的帮助，我下节课肯定不会迟到。

（1）如果你觉得谁大概能够帮你，请叫出对方的名字

很多时候，你身边的人注意不到此刻的你遇到了困难。你应该选择一位你认为会愿意帮助你的人，叫出他的名字。也可以先说一句"抱歉""对不起""实在是不好意思"等，再叫对方的名字，也不失为一种好方法。

（3）告诉对方你希望他具体为你做些什么

如果只是说"帮帮我吧"，对方并不知道怎么做才好。需要对方做什么，做到什么程度，更具体地告诉对方你的需求吧。

（2）道明理由

说清楚你寻求帮助的理由。不要想着"他看到了自然会明白"。你清楚地说出自己的困难与诉求，对方想要帮助你的心情也会更加强烈。

（4）告诉对方他的帮助能为你解决多么大的难题

具体地告诉对方，多亏了他的帮助，你的什么困难得以解决。说上一句"多亏了你"也可以，对方听到也会更加愿意帮助你。

2 看着对方的眼睛，声音洪亮地拜托对方

微笑，声音洪亮

真诚地看着对方的眼睛，用对方能听清的声音拜托对方。尽可能微笑地寻求对方的帮助，这样对方也能心情愉悦地帮助你。

11 想要与闹别扭的朋友重归于好时

与朋友发生争吵，很长一段时间没有理会彼此时，应该如何是好呢？

如果你认为"是自己不对""想要和对方和好"，那么就应该自己主动发出求和的信号。

争吵之后，如果对方看起来没有要和你说话的意思，那么此时就需要你鼓起勇气打破僵局。要注意，此时对方可能不会立马回应你的"求和"，甚至有时你们的关系还会变得更加恶劣。

尽管如此，如果你还是真心想要与对方和好，不要等待对方先开口，而是应该自己主动做出改变，坦诚地向对方传达你想要和好的意愿。

容易产生的情绪 对方不认错的话我也绝不会道歉……虽然想要和好，但又拉不下脸面……

除非对方主动道歉，否则我绝不会跟她和好！

虽然想跟她和好，但从自己嘴里说出来又会觉得很没有面子。

争吵之后，互相都咽不下这口气，想着"她不认错的话，想和好门都没有"！之后就算想要和好，又会觉得自己主动求和很没有面子。结果，昔日的好友变得互不理会，随着时间一天天过去，两个人的关系变得越发尴尬。

● 自己主动发出求和的信号

（1）你疲惫的心情能够得到彻底的放松

争吵过后，彼此犟着一股劲儿互不理会对方，这样度过的每一天其实都令你感到心累。因为很在意对方，或许你都无法专心学习。如果你主动求和，哪怕只是告诉对方自己的心情，你的那种心累都能得以摆脱。

（2）能够缓解对方的紧张情绪

紧张、心累，这些情绪对方同样也有。你们争吵前应该是亲密的好友。如果你主动提出想要和好，也能够缓解对方的紧张情绪。

（3）关系会比之前变得更好

争吵过后如果能够和好，你们之间的关系会比争吵前更好。因为你们知道了彼此原来有不同的想法，并且知道了对方的想法和感受。

必备社交小技巧

1 想一想对方的好

> 她对我总是笑眯眯的。

> 我遇到麻烦时总是她在帮我。

> 两个人聊天时总是聊得很开心。

> 我应该跟她和好……

当你的怒气得以平息，冷静下来整理好自己的情绪后，你会开始想要与对方和好。想一想对方好的地方，想一想和对方一起经历过的快乐的事情，你会变得更冷静，想要跟对方和好的意愿也会更加强烈。

2 道歉的方法

> 我想跟你和好。之前是我不对。

> 如果你能跟我和好的话，我会很开心的。

（1）留意对方，寻找时机

当对方一个人时，或者感受到对方也在留意你时，就是你提出和好的绝佳时机。

（2）先说结论"我想跟你和好"

前面不要说一些无用的话，诸如"我有些话想跟你说……""我想跟你聊聊之前的事情……"而是走到对方面前开门见山地说："我想要跟你和好。"对方听到你这样说，也能预想到接下来你会说些什么，因而做好心理准备。

（3）不找借口，真诚道歉

如果你认为之前发生矛盾确实是自己不对，可以直接道歉："之前那件事，对不起。"即便想要找些借口或者想要指出其实对方也有不对的地方，也都不要说。一旦找借口，可能又会引起对方的反驳，进而两个人又会再次争吵起来。

（4）告诉对方如果能够和好，你的心情会如何

不找借口，而是告诉对方如果能够跟对方重归于好，你的心情会如何（安心、高兴、快乐等）。

12 让对方生气后想取得对方的原谅时

答应了朋友绝对不把他的秘密告诉别人，可有一天却不小心说漏了嘴。朋友很生气，你觉得哪怕你去向他说"对不起"，他好像也不会原谅你。

怎么想都是自己做错了，无论自己怎样做，似乎都无法获得朋友的原谅。这时，我们究竟如何是好呢？

过了很长一段时间，朋友一直没有原谅你，这时你很可能会认为和他已经不可能再和好了，因此放弃了修复这段友谊的想法。但其实此时放弃还为时过早。

惹怒了朋友，想要获得朋友的原谅，其实有好几个办法。哪怕想要放弃，也不妨先试试这些办法之后再放弃吧。

容易产生的情绪：我已经道歉好几次了，她都没有原谅我。或许我们不可能再和好了吧……

对不起……

无论你道歉多少次，对方都没有原谅你。这时，你会想要放弃这段友谊，认为对方不会与你和好了。但是，因为你的过错而失去一个朋友，今后肯定会后悔。

● 展现真心想要和好的态度

（1）不放弃

因为对方此时真的很生气，不可能轻轻松松地就原谅你。如果你真的真心想要与对方和好，哪怕对方一次两次无视你的道歉、拒绝你和好的请求，你也不要轻易放弃这段关系。

（2）因为是自己有错在先，所以尽可能忍耐

有时我们甚至可能会被对方恶语相向。此时，我们也会很烦躁，认为对方不好。但我们要想到"是自己惹对方生气的""过错在自己身上"，然后去尽量忍耐对方的怒火。

（3）顽强地坚持多次道歉

不轻言放弃，多次道歉。你一直坚持想要和好，对方也能渐渐感受到你的真心。

（4）多花些时间道歉

强烈的愤怒是不可能短时间内立马消散的。但是，人的愤怒也不会一直持续。在对方慢慢消气的这段时间里，不妨试着多花些时间持续道歉。

必备社交小技巧

1 思考对方究竟为什么生气

是因为我没有按时赴约而生气吗?

是因为我没有立马道歉而生气吗?

还是因为我之前也犯过同样的错误而生气呢?

冷静下来去好好想一想，对方究竟是因为什么而生气。根据对方生气的原因不同，你道歉的方式和话语也应有所不同。

2 多次反复道歉

对不起……
对不起……
对不起……

哪怕对方不理你，不回应你，把头转向别的地方不看你，你也要多道歉几次。

3 使用各种方式道歉

写信、发短信、打电话，用尽所有你能想到的办法道歉。

4 让对方的朋友也来帮助你

小典！小惠说她是真心在跟你道歉，你就原谅她这一次吧。

让对方的朋友来帮助你。（参照"10 想得到朋友的帮助时"。）

5 询问对方

我该怎么做你才会原谅我呢？

询问对方，你该怎么做才会得到对方的原谅。但记住，我们没有必要答应对方无礼的要求。（参照"30 收到别人不合理的邀请时"。）

6 给彼此留一点时间

放弃之前，稍微留给彼此一些时间，观察对方是否有想要原谅你的想法，是否还有和好的契机。

13 因为突然有急事而不能遵守和朋友的约定时

有时，哪怕已经和朋友约定好了，却因情况有变而不得不取消和朋友的约定。比如，约好了和朋友一起玩儿，之后却突然想起来今天有班委会的工作要做。这时，该怎么办才好呢？

是什么也不跟朋友说，直接爽约去做班委会的工作？还是放弃班委会的工作而去和朋友玩儿？这两种方法无论选择哪一种，后面都会比较麻烦。

如果出现了比履行和朋友的约定更紧急的事情，要及时、坦诚地告诉朋友实际情况。如果能够有说服朋友的表达技巧，就可以在维护好你们之间友谊的同时，取消与朋友的这次约定。

容易产生的情绪 是对朋友爽约？还是放弃班委会的工作？

对朋友爽约会使你们的友谊受到伤害，因此你选择放弃班委会的工作。或者相反，你认为和朋友的约定没那么重要，于是心安理得地对朋友爽约而去参与班委会的工作。这是孩子们常有的两种心态。

○ 将眼前的情况清晰准确地告诉对方十分重要

（1）没有后顾之忧

无论是不跟朋友知会一声就去参与班委会的工作，还是逃掉班委会的工作而赴朋友的约，之后都会有一堆麻烦事等着自己处理。但只要事先跟朋友把事情讲清楚，得到朋友的理解，后续就不会有麻烦事了。

（2）心情会变得舒畅

无论是不跟朋友知会一声就去参与班委会的工作，还是逃掉班委会的工作而赴朋友的约，心里都会忐忑不安。但如果事先跟朋友把事情讲清楚，得到了朋友的理解，就能专心致志地去完成班委会的工作了。

（3）对方能够清楚你的情况

即使我们跟朋友解释当前的情况，朋友也不见得会理解、会接受。但至少朋友知道了你的情况。

（4）与朋友的关系会更加亲密

因为有急事而无法守约，即使这样还能理解、接受你的人才是真正的朋友。坦诚地告诉对方你的真实情况，你和对方的关系也会变得更加亲密。

必备社交小技巧

1 "取消约定"的组合台词

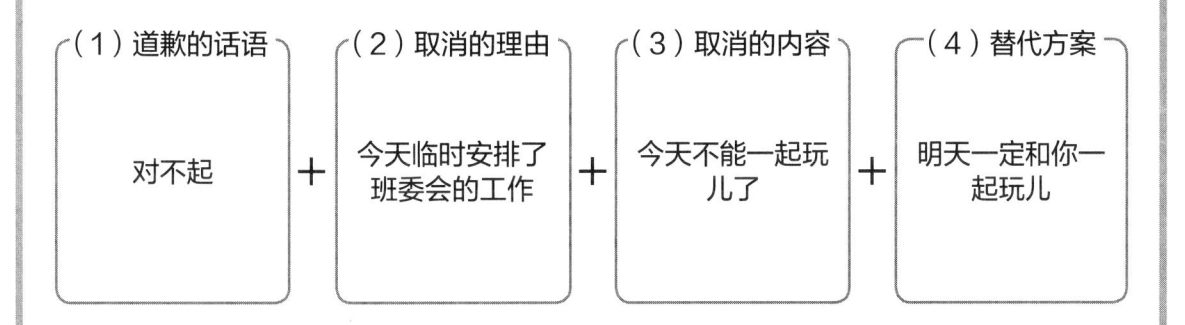

（1）道歉的话语	（2）取消的理由	（3）取消的内容	（4）替代方案
对不起	今天临时安排了班委会的工作	今天不能一起玩儿了	明天一定和你一起玩儿

当我们因为突发情况不能守约时,可以用(1)道歉的话语、(2)取消的理由、(3)取消的内容、(4)替代方案这样四句为一组的台词进行说明,既能取消约定还能守护你们之间的友谊。

2 提前练习"取消约定"的台词

> 对不起呀。因为今天临时安排了班委会的工作,所以不能和你一起玩儿了。明天我没有其他安排,我们一起玩儿吧!

在你真正去跟朋友说明之前,自己在脑海中先反复练习几遍。如果没有顺利说出口的勇气和自信,可以提前开口练习几次。

3 走近朋友,看着对方的眼睛清晰地说

> 对不起呀。因为今天临时安排了班委会的工作,所以不能和你一起玩儿了。明天我没有其他安排,我们一起玩儿吧!

走近朋友,看着朋友的眼睛,用朋友能够听清的音量,清晰地说出事先已经准备且练习好的"取消约定"的台词。在说"对不起"时,可以稍稍低下头,做出"十分抱歉"的表情。

31

14 想要在不伤害朋友的前提下陈述反对意见时

当大家在决定班级聚会上要组织什么有趣的活动时,你的好朋友提议"每个人表演一个拿手的节目",大家纷纷议论起来。

你觉得在大家面前表演节目太尴尬了,想要反对朋友的提议,可又担心这样做之后朋友会责怪你是"叛徒"。

当朋友的意见让你为难时,如果直白地指出,可能会让朋友不高兴。每个人都想避免这种情况的发生。反对自己朋友的意见,当真是一件很难的事情。

但是,只要注意自己的表达方式和言辞,就能在避免让朋友不高兴、不伤害彼此友情的前提下顺利表达出自己的反对意见。

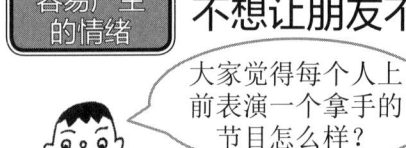

容易产生的情绪 不想让朋友不高兴,就不说了吧。

大家觉得每个人上前表演一个拿手的节目怎么样?

在大家面前表演节目也太尴尬了吧,我才不想呢。

可是,我反对他的话会让他不高兴吧。算了,我还是别说了吧。

当自己的意见被否定时,有的人会觉得自己整个人都被否定了,因而内心受伤;有的人会生气发火;有的人则会认为自己遭到了背叛。另外,提出反对意见的人也会容易担心他的话是否伤害了对方,于是即使心里反对朋友的意见也不会说出来。

● 对事不对人,把"人"与"意见"分开来看

你担心陈述自己的反对意见会伤害朋友,这是因为你把"朋友"与"朋友的意见"混在一起看待了。同样,你的朋友听到你的反对意见而认为你背叛了他,也是因为他把"你"与"你的意见"放在一起看待了。

虽然是你的朋友发表的意见,但这个意见只不过是你朋友思想的一部分,而不是你这个朋友本身。你反对的也只是"你这个朋友(当下那一刻)的意见",而不是你的朋友。当你想要反对朋友的意见时,关键在于要让朋友知道你是把"人"与"意见"分开来看的,对事不对人。

必备社交小技巧

1 陈述朋友意见的优点

> 小君的意见让大家都很高兴，我觉得这是一个很好的意见。

在陈述自己的反对意见前，先指明朋友意见的优点。哪怕只是说一句"我认为××的意见很好"也行。

2 说出朋友意见的缺点

> 如果按照这个意见来办，每个人都必须要上前表演一个节目。

接着，再陈述自己朋友的缺点。将"提出意见的人"与"意见"清晰明确地分隔开来，因为你是要说意见的缺点，所以你不能说："如果按照小君的意见……"而一定要说："如果按照这个意见……"

3 陈述自己的意见

> 我想也会有人不想表演节目，所以我的意见是，不妨只让想表演的人上去表演。

最后，陈述自己的意见。这时要将"陈述意见的人"与"意见"本身分隔开来，所以不要说："我认为……"而是要说："我的意见是……"

4 用大家能听清的声音去说

为了让大家能够听清你的意见，不产生误会，一定要声音洪亮地去说，保证最远处的同学也能够听到。

想要充满自信地表达反对意见

在大家面前公然反对朋友的意见需要勇气。此时容易紧张，担心自己是否能表述得当。为了鼓起勇气，可以参照"4 想要加入一个新的小团体时"中的方法"让自己鼓起勇气的自我对话"，要缓解紧张情绪可以使用"21 火冒三丈时"中的方法"让自己冷静下来的技巧组合"。

在陈述反对意见之前，可以使用以上两个技巧，然后在心里将自己的意见组织好语言。还可以在笔记本上做笔记，按照"朋友意见的优点"+"朋友意见的缺点"+"自己的意见"这样的顺序去想好话术，然后在心里反复练习几遍，充分做好准备，自然而然就会有勇气陈述反对意见了。

15 想要向朋友表达不满时

无论关系多么亲密的朋友，也有会想要抱怨对方的时候。

把橡皮借给了朋友，当你想要再拿回来时，朋友却开始到处翻找"欸，橡皮去哪儿了？"似乎是把橡皮弄丢了。

一次两次还能原谅对方，可这都第三回了。这时，你一定会想"今天真的要说说他了"。

朋友或许会觉得弄丢一块橡皮说一句"对不起"就行了。但对于你来说，每次都只是一句"对不起"并不足够。尽管如此，你也不想因此伤害你们之间的友情。

究竟应该怎样说，才能让朋友理解你的心情呢？

容易产生的情绪

我真的是忍不了了！但是，又不想失去这个朋友……

因为对方是自己的朋友，想要对他表达不满时，一方面会担心"如果我这样责怪他，他是不是会讨厌我"，但另一方面久而久之又会忍不住爆发，感觉"我真的忍不了了，一定要说说他"。

● 用对方能够接受的方式去表达你内心的不满

（1）好朋友之间也可以表达不满

即使心里有不满也憋着不说，自己会一直难受。如果有想要表达的，一定要跟朋友表达。

（2）这样朋友才会明白你的想法

只有你主动表达了你的心情和想法，朋友才能够理解你。

（3）能够防止问题的再次发生

如果你不将你的想法告诉对方，对方也许下次还会犯同样的错误。如果你将你的想法告诉了对方，就有可能避免同样问题的再次发生。

（4）用对方能够接受的表达不满的方法

如果只是一味地责备对方，则会伤害你们的友情。巧妙地表达出你想说的，既能让自己的心情变得畅快，也能让对方愉快地接受。

必备社交小技巧

1 看着对方的眼睛，用洪亮的声音说

× 支支吾吾　　○ 声音洪亮

如果不看着对方，还小声地支支吾吾，不仅不能将自己的想法传达给对方，还有可能被对方无视，甚至被对方反驳。看着对方的眼睛，用洪亮的声音说则能将你的想法很好地传达给对方。

2 "以'我'为中心的表达"与"以'你'为中心的表达"

○ 以"我"为中心的表达

对不起！

① 那个橡皮，我一直都很珍惜（理由）。所以，我很难过。

② 这已经是第三次了（理由）。所以我也会生气呀。

③ 下次我希望你用完能马上还给我（提出希望）。

× 以"你"为中心的表达

什么嘛。才一块橡皮就这么小题大做。我买一块还给你就是了！

你又把我的橡皮弄丢了？

你到底在干些什么啊？你都弄丢三次了！

我再也不会借给你了！（恐吓）

（1）传达"我的心情"

以"我"为主语，传达"我的心情"。这叫作"以'我'为中心的表达"。这种表达能很好地传达说话人的心情和想法。听者也不容易认为这是在指责他。相反，如果用以"你"为主语的"以'你'为中心的表达"，则很可能让对方觉得他是在被指责，从而产生反感的情绪。

（2）说明理由

告诉对方你会产生这种感受的"理由"。如果能知道理由，对方就能够理解你的心情了。

（3）向对方提出希望

威胁、恐吓对方只会让对方生气。我们可以向对方提出希望，告诉他希望他今后能够注意一点。

要拿出表达不满的勇气

向朋友表达自己的不满是一件需要勇气的事情。我们容易因为担心自己能否很好地表达而陷入紧张的情绪中。

因此，为了增加勇气，我们可以使用"4 想要加入一个新的小团体时"中的方法"让自己鼓起勇气的自我对话"，缓解紧张情绪可以使用"21 火冒三丈时"中的方法"让自己冷静下来的技巧组合"。

16 想要委婉地提醒对方时

你有没有过因为扫除时间朋友偷懒，不愿参加扫除，你善意地提醒他，他却和你争吵起来的经历？

你提醒他是因为他在偷懒，所以"提醒"这件事本身应该是正确之举。但这一举动却导致你和朋友争吵了起来，这是为什么呢？

其实，哪怕是正确的行为，若表达不当，有时不仅不能让对方理解你的良苦用心，甚至可能引发对方的反感甚至是反抗。

特别是"提醒正在偷懒的朋友"这件事，正是因为你是正确的，所以更容易引起对方的反感，最终导致你们的争吵。

越是做正确的事情，越是要采用最恰当、最能让对方接受的方法。

容易产生的情绪　他怎么能偷懒呢，绝不能原谅！我得好好说说他！

一旦认为自己是正确的，就绝不可能原谅"做出错误行为的人"。这时，我们容易这样去想——大家都在这么努力地打扫卫生，唯独他在那儿偷懒，这怎么能原谅呢。一旦这样想，我们的语气在不知不觉中就会变得很强硬。

○ 提醒的目的并非指责，而是督促大家都来参与

（1）"正确的意见"可能招致强烈的反抗

每个人都想凭借自己的意志自由地行动。当自己的行为被提醒时，会觉得自己的这份自由被剥夺了，从而产生反抗情绪。越是正确的意见，反抗情绪会越强烈。因为想要反驳正确意见很难，而这却正好激发了被指责者的逆反心理。

（2）提醒对方，是希望对方和你一起做正确的事情

当我们看到别人做出不好的行为时，总是忍不住想提醒对方。这是因为希望对方能够和你做同样的、正确的事情。

（3）提醒的目的并不是指责对方

如果是因为希望对方做出和你一样的行为而提醒对方，那么提醒的目的不应该是责怪或指责对方。让对方做出和你一样的行为，才是你的最终目的。

（4）努力让对方想起班级规则吧

如果有人不遵守班纪班规，则容易引起别人的指责。但指责只会引发他的逆反情绪，而我们真正的目的其实是让他变得遵守班纪班规。因此，我们要做的不是指责他，而是让他主动想起来班纪班规。

必备社交小技巧

1 走近对方，看着对方眼睛，用清晰的声音说

"现在是扫除的时间哦。我们大家一起来打扫吧！"

"哦，好的！"

如果不看着对方，小声支支吾吾地说，可能会被对方无视，甚至被对方反驳。试着走近对方，看着对方的眼睛，清晰、大声地提醒对方。不仅仅是口头上，还可以使用肢体语言表达你想说的内容。

2 提醒的方式

✗
"就知道聊天，为什么总是偷懒呀！"
"快点好好打扫卫生！"
"你好烦啊！"
"我们为什么要听你的话啊！"

（1）不提及对方的行为

如果用"以'你'为中心的表达（15 想要向朋友表达不满时）"进行提醒，很有可能引起对方的反抗情绪。无论是多么正确的提醒，他们也会听不进去。对于对方此刻正在做的事情，我们要忍住不去提及。

○
"现在是大家一起打扫卫生的时间哦。"
"我们一起来好好打扫吧！"
"得大家一起打扫呀。"
"好呀。"
"好的，我们知道啦。"

（2）说出规定提醒对方

不要提及对方的行为，而是要告诉对方班级的规定。对方无法对规定进行反驳，会觉得不得不打扫卫生。

（3）告诉对方"大家一起来做吧"

如果想着自己是对的，对方是错的，就很容易变成命令的口吻。命令的口吻也是一种"以'你'为中心的表达"。如果跟对方说"大家一起来做吧"，对方也更容易接受。

提醒需要勇气

提醒自己的朋友是一件需要勇气的事情。我们容易因为担心自己能否很好地表达而陷入紧张的情绪中。

为了鼓足勇气，我们可以使用"4 想要加入一个新的小团体时"中介绍的方法"让自己鼓起勇气的自我对话"，缓解紧张情绪可以使用"21 火冒三丈时"中介绍的方法"让自己冷静下来的技巧组合"。

作业 2　做一个自我宣传

◆ 目标

这是一次关于自我介绍的作业。通过将想要告诉给他人的关于自己的信息提前写到"自我宣传表"上，既能够更好地认识自己，又能够更自信地向他人介绍自己。

◆ 顺序

①从下面方框里所列举的内容中选择 7 个想要告诉班级里其他同学的关于你的内容，然后填写在"自我宣传表"中空白格的虚线上。除了【自我提问】以外，如果还有其他想要告诉同学的内容，也可以写在上面。

②针对写在虚线上的【自我提问】，将自己的答案填入方框中。

③在"自我宣传表"的中央画上自己的自画像。

④4～5 人一组，小组内互相展示自己完成的"自我宣传表"。

⑤看着"自我宣传表"，小组内按顺序依次进行自我介绍的练习。如果他人对你的自我介绍提出疑问，你可以进行回答，以此修正你的介绍内容。

⑥如果时间允许，大家可以面向全班同学进行自我介绍。

⑦每个人自我介绍结束后，大家一起热烈鼓掌。

【自我提问】
- 生日是？
- 喜欢的游戏是？
- 喜欢的历史人物或运动员是？
- 喜欢的食物是？
- 今后想努力做的事情是？
- 星座是？
- 经常看的电视节目是？
- 现场很沉迷的事情是？
- 喜欢的科目是？
- 擅长的事情是？
- 很珍惜的物品是？
- 其他：＿＿＿＿＿＿＿＿＿＿

自我宣传表

_____年级_____班　姓名_____

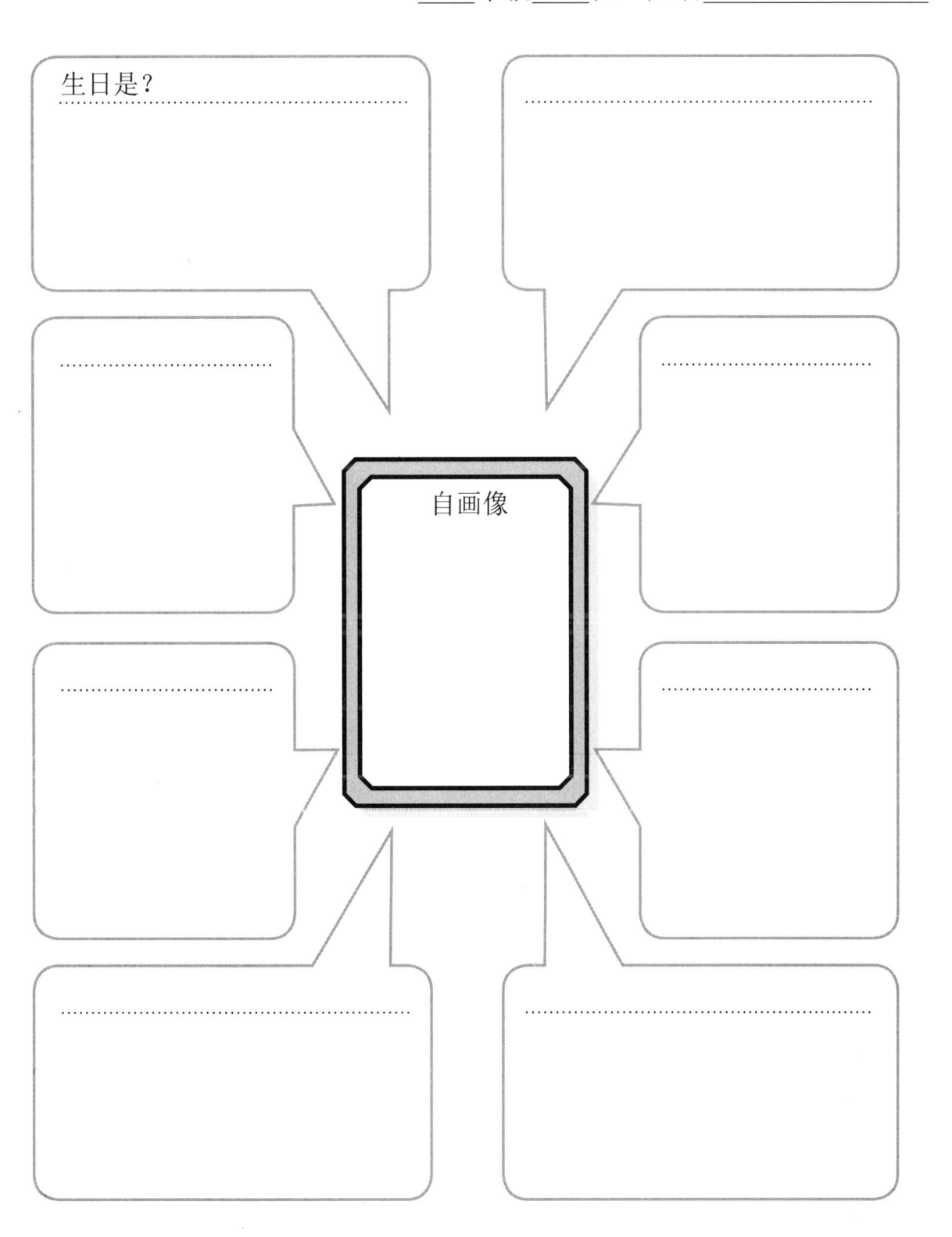

生日是？

自画像

第3章
想让自己的心情平静下来

17 被朋友笑话时

有时明明你已经很努力了却还是做不好，朋友在大家面前笑话你，让你很难堪。比如，音乐课上大家一起唱歌，你跑调了，朋友听到后"扑哧"一声笑了出来。

你觉得无比难为情，脸红、心跳加速，甚至出了一身冷汗。你不敢直视朋友，只得将头深深地低下去。有时候脑海里甚至冒出一个念头："我果然什么都做不好"。

长此以往，你会越来越觉得是笑话你的那个朋友"让你丢尽了脸"，你越想越生气，和他的关系也越来越疏远。

容易产生的情绪：朋友让我丢尽了脸面，我不要这样的朋友了。

（扑哧……）
（都是她让我丢脸了。）

有的事情无论我们怎么努力都做不好，如果这时被别人发现了（或者自己认为被别人发现了）就会觉得很丢人。如果还被人笑话了，那就更丢人了。此时，我们会对笑话自己的那个人很生气。

● 失败乃成功之母，人都是在失败中成长的

（1）失败不过是一种提示

当你失败时或许会被朋友笑话，或许你自己也会很失望，容易认为失败是一件不好的事情，但其实失败本身并不是什么不好的事情，它只不过是在提示你，你与达到某种标准还有一定的差距。你只需要坦然地接受这份提示就可以了。

（2）觉得丢脸也只不过是一种内心的提示

当你觉得丢脸时，你恨不得找个地缝钻进去让自己消失掉，想要尽快忘掉这种丢脸的感觉，你会觉得丢脸是一件不好的事情。但其实丢脸也没什么不好的。它只不过是你的内心在提示你，你的实际表现与你原本所期待的还有差距。

（3）因为失败和丢脸，我们才得以成长

因为失败和丢脸都是一种提示，所以当你去虚心倾听这份提示时，能够从中吸取教训，避免重蹈覆辙，还会去思考有没有更好的解决办法。失败并感到丢脸，便是你成长的第一步。

必备社交小技巧

1 深呼吸

吸气　呼气

反复多次地深呼吸，能让你猛烈的心跳平复下来，并且不再继续冒冷汗。

2 "告诉自己不要介意的自我对话"

算了，算了。
别介意，别介意。
没关系，没关系。

吸气　呼气

已经发生的事情只能坦然接受。告诉自己"算了""别介意""没办法"等，一边深呼吸一边与自己进行这样的对话更有效果。

3 想3个自己的优点

我的长处有：能够早起、会游泳、会做饭。

当我们感到丢脸时，容易变得没有自信。这时我们可以去想自己的3个优点。（参照"2 做自我介绍时"中的技巧1。）

4 试着说"我又搞砸了"

啊，我又搞砸了。

轻松地接纳自己的失败，向朋友大胆地承认自己的失败，说一句"哎呀，我又跑调了"。这时，觉得对方让你丢脸的愤怒也会随之消失。

深呼吸的效果

内脏、血管、汗腺等在我们的身体内时时刻刻都在发挥着作用，不会受我们意志的影响开始或停止工作。调整这些器官运作的神经称为自律神经。其中，让我们感到振奋的是交感神经，使我们镇静下来的是副交感神经。

呼吸也是如此，平时通过自律神经进行调节，与我们的意志无关。但是，与其他器官不同，在某种程度上呼吸是可以有意识地进行调节的，比如憋气、快速吐气等。因此，通过有意识地改变呼吸，可以达到控制自律神经的目的。

如果反复快速地浅呼吸，会刺激交感神经，让我们进入兴奋状态；如果反复缓慢地深呼吸，则会激发副交感神经发挥作用，让我们冷静下来。

当我们感到害羞或生气时，交感神经会发挥作用，让我们处于兴奋状态。但进行深呼吸，则会让副交感神经会发挥作用，让我们的慌张或怒火平息下来。

18 必须与自己不善于应付的人一起活动时

一个班级里会有各种各样的人，有和自己关系好的，也有和自己关系不好的，有相处起来很愉快的，也有相处起来很难受的。

在学校，我们并不能只和与自己关系好的、能玩到一起的人一起行动。比如在劳技课上，必须两个人一组配合行动，可你却和自己不善于应付的人被分到了一组，这样的事情也常常会发生。

这种情况下你或许会想"真讨厌，我不想和他一起行动"，但这是课堂的安排，你们不得不两个人一起完成。如果你一直带着"真讨厌"的情绪，那么就不能认真地投入到重要的课堂任务中。究竟要怎么办才能更好地与自己不善于应付的人通力合作呢？

容易产生的情绪：我和这个人合不来，没办法和他一起参与活动。

当我们跟与自己合不来的人被分到同一组时，若我们不去想着该如何与他相处，第一反应就是"啊，不行，我真的没办法和他一起行动"，那么我们的心情立马就会很低落，目光也会变得暗淡，声音也会变得低沉。这种情绪传递给对方，对方也会失去干劲。

和自己不善于应付的人一起活动，是一次重新认识他的机会

（1）其实还有很多事情是你不知道的

当你觉得你和某个人不太能处得来时，其实很多时候是由于你对他并不了解。带着第一眼的印象或是从别人嘴里听到了一些传闻，就此对他进行了判断，又或者是凭着之前一点点的交集对他进行了定义。

（2）会成为一次让你重新认识他的机会

有时候，我们以为我们讨厌某种食物，结果偶然吃过一次，竟然意外地发现很好吃。与朋友交往也是一样，之前也许认为自己跟他合不来，但一起活动一次，或许你会发现你们意外地很合得来。与自己不善于应付的人一起参加活动，也是一次让你重新认识他的很好的机会。

（3）也是一次让对方认识你的机会

哪怕是合不来的人，通过一起活动，也能让对方更加了解你。如果班里多了一位更了解你的人，你在班里的学习生活也能更加轻松愉快。

（4）是一次让你成长为大人的练习

人不可能永远只和自己喜欢的、合得来的人一起相处。对于学生来说现在是这样，将来走出学校、走入社会更是这样。与自己不善于应付的人一起活动、工作，也是一次让你成长为大人的重要练习。

必备社交小技巧

1 "撸起袖子就是干的自我对话"

> 好嘞,去干吧!
> 不想了,冲吧!
> 撸起袖子就是干!

在心底对自己说:"好嘞,去干吧!""撸起袖子就是干!"反复进行 2~3 次这样的自我对话,你就真的会充满干劲儿。

2 微笑着说"请多多关照"

> 今天请你多关照啦!

主动跟对方说"今天请多多关照",尽可能地带着微笑说。双方的心情都会变得好起来。

3 试着思考对方是怎样看待自己的

> 这个人是怎样看待我的呢?

这种情况下,或许对方也觉得"自己跟合不来的人被分到了一组"。试着换位思考,想想对方是怎样看待你的,你对对方的言辞和态度也会变得柔和起来。

4 试着聊聊自己的事情

喜欢的事情	擅长的事情
你正在努力去做的事情	你的优点

主动进行自我介绍(参照"2 做自我介绍时"中的技巧 2)。主动聊聊自己的事情,对方也能更加了解你。

5 试着向对方提问

> 你喜欢什么呀?
> 你擅长的事情是什么呀?

在聊完自己的事情后,可以试着问问有关对方的事情,比如"你喜欢什么呀"等。如果你已经说了你的事情,那么对方也会告诉你他的事情。如果能够更深入地了解他,或许就不会再觉得他不好相处了。

19 当自己发出的邀请被拒绝时

想必，大家放学后都会邀请朋友，抑或是被朋友邀请，然后一起度过愉快的时光吧。但你一定也有过邀请对方，但却被对方果断拒绝的情况。

如果偶尔被拒绝一次倒也还好，但如果最近总是被拒绝，你一定会很失望吧。心里总会不由自主地想着自己被拒绝的事情，不停地琢磨"我究竟为什么会被拒绝"。

被拒绝当然会失望，但对"被拒绝"这件事若一直耿耿于怀则会严重影响你的心情和学习状态。试着学会不在意"被拒绝"的方法吧。

可以参考"5 当想要加入一个新团体却被拒绝时"。

容易产生的情绪 我和他应该算朋友，可是又被他拒绝了。他是不是讨厌我呀？

> 今天我们一起去踢足球吧！
>
> 不好意思呀，我今天有点事情，去不了了……

满怀热情地邀请对方，却被对方拒绝了，换作是谁都会很失望。这时，你或许会无数次揣测他拒绝你的理由——他为什么会拒绝我呢？是不喜欢和我一起玩儿吗？还是我这个人让人讨厌？越想越失落，以后再也不敢邀请他了。

● 被邀请的一方也有自己的情况和缘由，仅此而已

（1）有各种各样的情况和缘由

"因为昨天踢过足球了，今天想玩点别的""今天不想在外边玩儿"等，想法每天都在变化。另外，还会有各种各样的情况，比如要去上兴趣班等。每个人每天的想法都不同，也都有自己的很多事情。

（2）理由也各种各样

因此，即使你邀请朋友一起去玩儿却被拒绝了，原因也不一定就在你身上。很可能是被邀请的人自身的缘故。

必备社交小技巧

1 说一句"知道了，那下次一定要一起玩儿哦"。

> 对不起，今天不太方便。

> 啊，知道了，没关系，那下次一定一起哦！

被拒绝后很容易生气或失望。但试着努力说一句"知道了，没关系，那下次一定要一起玩儿哦"。如此一来，当对方方便的时候，就一定会接受你的邀请了。

2 询问"为什么不行"。

> 为什么不行呢？

如果对"为什么拒绝自己"感到很介意，那么问一问对方"为什么"也无妨。知道理由后更容易接受，也更容易放弃这一次的邀请。

3 回顾自己拒绝他人的方式

> 我今天不能和你一起玩儿了！

> 不行！

回想一下，以前朋友邀请你时你是如何拒绝的呢？或许你会发现"自己被拒绝好像也可以理解"，因此更容易释怀。

4 邀请其他人

> 嗨！放学后一起去踢足球呀！

> 好呀好呀！

不要强人所难地一直邀请拒绝你的人，试着找一找别的朋友。或许你也能因此结交到新朋友。

▌使用"劝自己放弃的自我对话"▌

拒绝是对方的权利。哪怕你去纠结原因也无济于事。但就算道理都懂，有时还是难以放弃。此时，试着对自己说"没办法，放弃吧"，让自己接纳"被拒绝"这件事。这种方法叫作"劝自己放弃的自我对话"。关于"劝自己放弃的自我对话"还可以参照"20 当朋友没能遵守约定时"中的技巧4。

20 当朋友没能遵守约定时

朋友说好了借给你漫画书，过了一段时间却说不能借了。你有没有过这样的经历呢？无论是谁，遇到这种对方出尔反尔的情况都会感到失望，感到不满，甚至埋怨对方。

确实，约定好的事情应当遵守。但有些时候，对方也可能出现了一些突发情况导致他无法遵守约定。

如果你过分介意对方没有遵守约定，并对此耿耿于怀，那么你也会不高兴，和朋友的关系也会出现危机。

我们要知道，对方没能遵守约定的情况时常会发生，我们也不得不理解与接受。让我们来了解一下遇到这种情况如何让自己接受吧！

容易产生的情绪：为什么突然又不行了！我无法接受！

> 你说过借给我那本漫画书对吧！

> 嗯，是说过。但现在真的不能借给你了。

> 欸？你怎么出尔反尔了呢？

明明说好了"借给你"，突然又说"不能借给你了"；明明说好了"一块去玩儿"，过一会儿又说"不能去了"，这种朋友不遵守约定的情况时常会发生。这时候你很可能会一时很难接受，并想要埋怨对方"出尔反尔"，甚至会刨根问底"到底为什么又不行了"。

● 即使对方没能遵守和你的约定，你也要学会理解与接受

（1）无须因此消耗内心的能量

当对方无法遵守约定时，及时理解、接受并转换心情。因为对方无法遵守约定就一直耿耿于怀，只会持续消耗你内心的能量，让你没有精力再去做其他更重要的事情。我们要避免这种情况的发生。如果能及时理解并接受，就能够积极地向前看，去想"接下来该怎么办"。

（2）无须因此伤害与朋友之间的友情

如果总是抓住朋友没能遵守约定这件事不放，就会越来越想责备朋友，这会让你们之间的友情出现裂痕。朋友或许真的是有什么不得已的苦衷导致他无法遵守约定。转换一下你自己的心情，试着理解并接受吧！

必备社交小技巧

1 再一次请求

> 你之前说过会借给我这本书,我一直很期待。现在为什么突然不借了呀?

可以试着再请求对方一次。或许对方会重新考虑。但是,仅仅只能再请求一次。如果一直执着地请求,会让对方觉得厌烦。请求的时候,也不要责怪对方,用"以'我'为中心的表达方式"(参照"15 想要向朋友表达不满时"中的技巧2),传达你的心情。

2 询问"为什么不行"

> 这本书真的不能借给你了。

> 为什么不行了呢?

如果你不知道对方突然反悔的理由,可以试着问一问。知道理由后,你会更容易理解与接受。

3 试着换位思考一下对方的感受

> 他或许是太珍惜那本书了,所以不想借给我了吧。

对方突然不能遵守约定很可能是有什么特殊的理由。试着站在对方的立场上想一想,这样你也会更容易理解与接受。

4 使用"劝自己放弃的自我对话"

> 没办法,算了吧。

当对方无论如何都无法遵守约定时,我们也只能放弃。这时候可以通过使用"劝自己放弃的自我对话"劝自己尽快放弃。

5 做一些其他令自己快乐的事情

> 没办法了,回家玩游戏吧!

当对方无法遵守与自己的约定时,可以找一找其他能让自己感到开心或最近自己很沉迷的事情去做。转移自己的注意力,这样也就更容易接受当前的事实了。

21 火冒三丈时

当你因为考试分数低而心情低落时，如果正好被小伙伴看到并且大声宣扬"你怎么只得了50分呀"，无论是谁都会感到愤怒，会暴跳如雷并且很想怼怼回去，也有可能下意识地与小伙伴发生肢体冲突。

此时，如果任由愤怒驱使而怼怼回去，不但你的心情得不到对方的理解，还有可能引发更严重的冲突。

遇到这种情况时，重要的是如何平息愤怒的情绪。虽然平息愤怒是件很难的事情，但并非不可能。

容易产生的情绪 太生气了！我要怼回去！

> 你怎么只考了50分呀？真差啊！

> 住口！别随便看我的东西！

感到愤怒的时候，会心跳加速，血液涌向大脑，呼吸变得急促。此时身体已经做好了"战斗"的准备。如果放任不管，后果很严重。

● 不让愤怒爆发

（1）认识到人的本能反应

人类的祖先便有感到愤怒时攻击对方的本能。这是为了不被野兽杀死而生存下来，或是在争夺食物的过程中取得胜利。我们要认识到这种人的本能反应。

（2）必须避免愤怒的爆发

在现代，如果愤怒以直接攻击的形式表现出来，会导致糟糕的结果，反而使"生存"变得困难。因为如果让愤怒爆发，无论是自己还是对方都会受到精神上和身体上的伤害。

（3）愤怒是可以努力平息的

虽然无法阻止愤怒的产生，但必须避免它的爆发。愤怒是可以通过努力平息下来的。

必备社交小技巧

1 离开现场

当你感到愤怒的时候，尽量快速离开现场。当对方从你的眼前消失后，你更容易平息怒火。

2 运用"让自己冷静下来的技巧组合"

（1）闭上嘴深呼吸

如果只想着"可恶！简直无法原谅"，愤怒会愈加强烈。闭上嘴不说话，反复深呼吸。

（2）数深呼吸的次数

数深呼吸的次数。嘴里数着"1、2……"数到10后再从1开始。可以在脑海里一边数一边浮现出大大的数字。

（3）进行"让自己冷静下来的自我对话"

同时进行"让自己冷静下来的自我对话"。

（4）在脑海里描绘让人心旷神怡的风景

在脑海里描绘让人心旷神怡的风景，并且想象自己身处其中。风景要提前想好。

"让自己冷静下来的技巧组合"是什么

"深呼吸"+"数深呼吸的次数"+"让自己冷静下来的自我对话"。这三个小技巧一定要在感到愤怒时运用。因此，这三个小技巧合称"让自己冷静下来的技巧组合"。如果能运用"让自己冷静下来的技巧组合"，那么即使是强烈的愤怒也会得到很大的平复。也可以一边深呼吸一边说"1，冷静""2，冷静"……像这样同时使用三个小技巧。

此外，也不能当场抱怨对方。尽量在运用"让自己冷静下来的技巧组合"之后过一段时间再表达不满。表达不满的方法请参考"15 想要向朋友表达不满时"。

22 控制不住感到愤恨时

当你听说朋友说你坏话的时候是什么感受？可能又愤恨又难过，或是抱有一种更加难以言表的心情。之后每次想到这件事，都会涌起一种愤恨的情绪。

但其实应该去找那个说你坏话的朋友问清楚，他是不是真的说了你的坏话。

但是在那之前，你必须让自己的心情平静下来。因为如果你怀着愤恨的心情去和朋友对质，不但想说的话无法好好表达，无法使对方理解你的感受，而且还可能会和朋友发生冲突。

下面来讨论一下如何平息愤恨吧。

容易产生的情绪 我一直把你当朋友，你却说我的坏话，我对你太失望了！

居然说我的坏话，太让人失望了！

愤恨的情绪会一直延续。哪怕一时忘记了，只要再想起这件事，马上又会涌起愤恨的感觉。如果总是带着愤恨的情绪，会使你和朋友之间的关系恶化。

● 自己的想法决定自己的心情

（1）事实决定心情吗

为什么人会觉得愤恨？在"被朋友说了坏话特别气愤"的情况下，大家很容易断定是"朋友说我坏话"这个事实直接引起了你愤恨的情绪。

（2）决定心情的是思维方式

实际上并不是事实直接决定了你的心情。事实和心情之间还有"思维方式"横亘其中。顺序是"朋友说了自己的坏话"→"我觉得自己被耍了"所以→"产生愤恨"。

（3）改变思维方式，也会改变心情

面对同一个"事实"，根据思维方式的不同心情也会变化。就算"朋友说了坏话"，如果认为"他是开玩笑的"，就会觉得"无所谓"了。

必备社交小技巧

1 重新思考对方说自己坏话的原因

可能是在开玩笑。

可能是被谁强迫说的。

可能只是传闻。

"为什么××做了那样的事情",尽量多思考一些朋友说你坏话的原因。

2 站在对方的立场想想自己对他做过的事情

如果在那之前,自己对朋友说了过分的话或者做了其他不好的事情,也许该向朋友道歉的人是你。

3 回忆对方的好处

那个时候他帮我一起搬东西了。

在我哭的时候安慰了我。

回忆起这些具体的场景,就会想起朋友的好处。哪怕是很细微的事情也可以。(参照"11 想要与闹别扭的朋友重归于好时"。)

4 和别的朋友倾诉

如果愤恨的心情很难排解,那就找别人说说。只要说出来,内心就会平静不少。但是要注意慎重选择倾诉的对象。(参照"8 想要对方理解自己的悲伤情绪时"。)

不要马上向对方泄愤

在做完以上技巧1至技巧3(或者至技巧4)后,再去和引起你愤恨情绪的人谈谈。此时说话请运用"15 想要向朋友表达不满时"里的技巧。

作业 3　扩展关于心情的词语

◆ 目标

想要将自己的所思所想准确地传达给别人，恰当的词语表达是必不可少的。也就是说，我们需要知道很多表达感情的词语。

孩子往往只能用少数简单的词语表达自己的感受。必须让他们意识到表达感情有各种各样的词语，努力做到将自己的感情类型和程度正确地表达出来。

◆ 顺序

①在最近发生的事情中，回忆一件非常开心的事情、一件伤心的事情和一件愤恨的事情。例如：和朋友吵架了；拿了 100 分被表扬了；等等。将这些事情写在作业纸上的《那是什么样的情境》一栏中。

②将那个情境下的感受写在《那时是什么感受》一栏中。

③将《各种各样描述感情的词语》分成"形容心情好的词语""形容心情不好的词语"和"两者都不是的词语"三种。

④在分成的三种类型的词语中选择能描述《那是什么样的情境》中的感受的，写在《将那时的心情换一个词语说说看》一栏中。

扩展关于心情的词语

《那是什么样的情境》

《那时是什么感受》

《各种各样描述心情的词语》

明朗	安心	消沉	讨厌	开心	惊慌失措	犹豫	冷静	悲伤
失望	紧张	羡慕	痛苦	愤恨	厌倦	进退两难	恐怖	寂寞	幸福
震惊	担心	痛快	感伤	爽朗	愉悦	热血沸腾	艰辛	无聊	抗拒
茫然	兴奋	怀念	想哭	厌恶	嫉妒	悠闲自在	满足	悲惨	羞耻
不安	怒不可遏	喜悦	激动	不悦	郁闷	苦涩	孤独	忧郁	自豪
烦躁	纠结

将上述词语分成以下三类

形容心情好的词语	形容心情不好的词语	两者都不是的词语

《将那时的心情换一个词语说说看》

第4章
想要帮助朋友

23 听朋友倾诉烦恼时

当朋友烦恼困惑的时候该怎么做呢？让他自己静一静吗？还是假装不经意地询问他："怎么愁眉苦脸的呀？"

当人真的遇到麻烦的时候，是很希望有人能认真倾听自己说话的。不要不闻不问，也不要嬉皮笑脸，认真倾听才会使你和朋友的关系更加亲密。

只有认真倾听对方的话，才能理解朋友的想法，也能知道自己该做什么。

但是，即使自己真的想要认真倾听对方的话，也不意味着对方就一定能感受到你的诚意。为了让对方觉得你会认真倾听他的话，这里有一套相应的方法。

容易产生的情绪：怎么了？快打起精神来吧！

> 怎么愁眉苦脸的呀？笑一笑打起精神来吧！

> 啊，其实……

> "要不要和她说呢……"

虽然是主动去和正在烦恼的朋友搭话，可由于故作轻松，看起来却像在开玩笑。这样的态度会让真正烦恼的人怀疑你是不是真的想要认真倾听她的话，反而不好开口。

● 重要的是态度上要表现出想要认真倾听对方的话

（1）让朋友感到放心，他才能说出来

只有当朋友感受到你会认真倾听他的话，他才会放心地说出来。

（2）了解朋友真实的感受

只有认真倾听朋友说话，朋友才会想要表达他真实的情绪，甚至会说一些平时不会告诉别人的内容。听了这些话才能明白朋友真实的感受。

（3）知道自己该做什么

只有了解朋友真实的感受，才能明白该怎么和他说话以及该为他做些什么。

必备社交小技巧

1 首先开始提问

"怎么了？发生什么事了？"

想让对方主动说明自己的烦恼是很难的。将身体正对着对方，首先提出"怎么了""发生什么事了"之类的问题。（参照36 想要活跃气氛时。）

2 边聆听边附和

"这样啊！" "原来如此！"

边聆听边点头附和。这样对方能感受到你在认真倾听。

3 不要中途打断对方的话

"我觉得××……"

"是吗？我不是这么认为的。因为我那时候就是×××，而且……"

"其实我希望你能听我说……"

越是认真听对方说话，越是想要表达自己的经验和意见，但毕竟正在说话的是朋友。最好忍住自己的表达欲，继续听。

4 等对方说完一段话再提问

"你为什么这么认为？"

"那之后怎么样了？"

当朋友的话告一段落后，对于你不明白的地方和想知道得更详细的地方向对方提问。这是想听对方说得更多的信号。

5 最后说一句"原来是这样啊"

"原来是这样啊！"

在对方说完后，首先说一句"原来是这样啊"，表达你接受了对方的想法，对方会觉得安心。如果突然开始说自己的想法和意见，朋友会觉得你在否定她之前说的话。

6 询问对方有没有自己能为他做的事情

"有什么是我能为你做的吗？"

在听完朋友的话之后，询问有没有自己能为她做的事情。至于想让自己做什么，要看朋友的意思。

24 当朋友身上有好事发生时

考试拿了满分；在艺术比赛中得奖；被选拔成为校足球队队员……当有好事发生在你身上时，如果能收到朋友的祝福，会愈发精神百倍，干劲十足。

同理，在朋友身上有好事发生时，送上你温暖的祝福，朋友会更加高兴。

但实际上，这种情况下，你往往一时不知道该说什么好；或者看到朋友高兴的样子心里却觉得"和我无关"，想说一些恭喜对方的话却并不容易。

让我们一起来想想，在朋友身上有好事发生时该说点什么吧！

容易产生的情绪 不知道该怎么恭喜对方。

美丽的天空 小樱
入选
崭新的一天 小健
入选
晴天 小朗
入选

有时看到兴高采烈的朋友，即使想和他一起分享喜悦，也不知道该怎么恭喜对方，结果什么都没做。

⬤ 重要的是表现出想要分享对方的喜悦

（1）必须通过语言和态度表现

就算你心里很想和朋友一起分享喜悦，但如果没有通过语言和态度表现出来，对方就感受不到。

（2）朋友会更加开心

如果你和他一起分享喜悦，朋友的开心程度就会加倍。因为有了别人的认可，他会感到"自己觉得开心是很正常的"。

（3）和朋友的关系变得更好

在有好事发生时，能和朋友分享喜悦，和这个朋友的关系就会更加密切。而且在你需要他的时候，他也会来帮助你、安慰你。

必备社交小技巧

1 和对方做相同的表情

有好事发生时,朋友会露出笑容。此时,也展露出你的笑容并靠近朋友吧。

2 向对方说"结果+赞美的话"

将令朋友开心的事情和结果说出来向对方确认。在那之后加上"太厉害了""努力终于有回报了"之类"赞美的话"。

3 具体地赞美对方

在"赞美的话"之后,还要加上具体的你觉得他厉害的地方,或者你觉得他付出了努力的地方。这样,"赞美的话"才有说服力。

4 向对方表达和他同样的心情

"我也觉得开心"或者"我也心情很激动"等,使用"我也"+"朋友的感觉"这样的句式,表达你也和朋友有同样的心情。

25 想要鼓励心情低落的朋友时

当朋友在音乐课上由于紧张导致唱歌跑调,从而觉得很丢脸时,或者在不擅长的体育课上跳马怎么都跳不过去而十分沮丧时,你是不是很想鼓励朋友,给他打气呢?

但是,经常因为不知道用什么话劝他才能让他重新振奋,结果什么也没说。

想必也有不少人有这样的经历,本来是想鼓励他,结果说出来的话却伤害了朋友。

想要鼓励心情低落的朋友并不是一件简单的事情。重要的是要懂得体谅对方的心情,并且掌握劝说的方法。

容易产生的情绪 怎么办呢?其实没必要那么沮丧。

虽然我很想让他打起精神来,但是怎么做才好呢?

这算多大点事啊?看你那么愁眉苦脸的,害得我心情也不好了!

虽然想说点什么让朋友开心起来,但由于不知道该怎么劝说,结果到最后什么也没说。

若说出"这算多大点事啊"之类无视对方心情的话,或者是"害得我心情也不好了""我看你那样我就很烦躁"等责备对方的话,往往会严重伤害到朋友。

● 接纳朋友沮丧失落的情绪,让朋友发现他的闪光点

(1)接纳朋友沮丧失落的情绪

虽然对别人来说是一件微不足道的小事,但对本人来说却有可能是一件天大的事。比起说一些安慰或者鼓励的话,更重要的是要接纳朋友沮丧失落的情绪。

(2)向朋友指出他的优点

对于心情低落的朋友,如果只会说"打起精神来"之类的话,是没有效果的。因为在满脑子都是"我丢了好大的脸""我犯了好大的错"的朋友看来,会钻牛角尖地认为"自己做什么都不行",从而降低对他自己的评价。面对这样的朋友,要指出他的优点。朋友觉得他的优点得到了周围人的肯定,就能找回自信。

必备社交小技巧

1 静静地坐在对方身边陪伴他

轻轻地靠近朋友并观察他的状态。如果朋友的心情看起来极度低落,那就静静地坐在他身边陪伴他。并不一定非要开口说话。

2 学会"鼓励对方"的说话方式

没事吧?

刚才我就担心你心情不好。

音乐课的时候,我唱歌跑调被大家嘲笑了,我觉得好丢脸。

但是你足球踢得好啊!

今天午休时间我们一起去踢足球吧!

(1)询问对方"没事吧"

面对心情低落的朋友,有时需要找点话题才能开始聊天。需要主动询问对方"没事吧"。

(2)向对方表达"我担心你心情不好"

表达"我担心你心情不好"。不要重提对方犯错或丢脸的事情,只是为了表达"很担心对方心情不好"。

(3)指出对方的优点

指出对方的优点。这和他因为什么沮丧没关系,可以直接说"但是你足球踢得好啊"。

运用"聆听的技巧"

在帮朋友打气的过程中,如果朋友开始讲述他心情低落的原因,就运用"聆听的技巧"好好听朋友说话。可以参考"23 听朋友倾诉烦恼时"中的三个技巧:

①边聆听边附和;
②不要中途打断对方的话;
③最后说一句"原来是这样啊"。

26 想要缓解朋友紧张的情绪时

当面对和往常不一样的情况，或是一件之前从未经历过的事情时，谁都会感到紧张和不安。

在辩论会上站在大家面前发表演讲；或是在体育比赛中，关键时刻轮到自己出场；等等，谁都会担心自己能不能正常发挥。

这时，如果周围的人注意到了他的紧张和不安，对他进行巧妙的安慰，他的心情就会变得轻松，沉住气更能发挥出自己的实力。

如果朋友也遇到了这种情况，知道怎样缓解朋友的紧张感非常有用。

容易产生的情绪 怎么办？看得我都替他捏把汗。

如果朋友感到非常紧张和不安，这种紧张和不安就会传染给身边的人，有时甚至让你不敢开口和他说话。虽然很担心"他那么紧张会不会影响发挥啊"，但自己一时也不知道该怎么办才好，最后就只能默默地看着而已。

● 发出声音能活动身体，紧张的情绪也会得到缓解

（1）情绪紧张，身体也会跟着紧绷

情绪和身体是紧密相连的。情绪紧张时，会不自觉地肌肉发力绷紧身体，呼吸也会变得急促。如果情绪和身体过分紧张，身体就会变得僵硬，也就发挥不出真正的实力了。

（2）身体放松，心态也会跟着放松

如果能缓解身体的紧绷感，内心的紧张感也会得到纾解。只要缓解了心态的紧张和身体的僵硬，进行适度的放松，就可以发挥出平时的实力了。

（3）紧张感会传染给其他人

一个人感到紧张，他的紧张感会传染给周围的人。但是只要有一个人能缓解这种紧张感，其他人的紧张感也会得到缓解，最紧张的人也能放松下来。伙伴意识越强，紧张感越容易传染；反过来说，关系越好的朋友越能帮助缓解本人的紧张。

必备社交小技巧

1 发出声音来放松自己的心情

想要缓解朋友的紧张和不安,首先要缓解你的紧张情绪。发出声音,除了自己能听到,紧张的朋友也能听到,可以同时缓解自己和朋友双方的紧张感。

2 向朋友喊话

(1)向对方喊出"能让他安心的话语"

向对方喊出"没关系的""肯定会顺利的"之类"能让他安心的话语"。

(2)露出笑容,摆出"加油"的手势

笑容除了对自己有用,还能缓解对方的紧张情绪。紧张的朋友如果能看到你的笑脸,会松一口气。如果在露出笑容的同时摆出"加油"的手势或者胜利"V"字,会更加有效。

(3)喊出"教练用语"

喊出譬如"冷静下来""肩膀放松""深呼吸"这类能够具体指导朋友如何放松的话语。这些话统称为"教练用语"。

(4)大家一起做同一个动作来放松

如果大家一起发出声音,或者大家手拉手肩并肩围成圈互相鼓励,所有人可以一起得到放松。

27 想要安慰哭泣的朋友时

在教室里看到正在哭泣的朋友，你会怎么做？朋友可能是因为肚子痛所以难受地哭了，也可能是因为和别人闹矛盾所以生气地哭了，还可能是发生了什么难过的事情所以悲伤地哭了。无论原因是什么，朋友哭泣一定是由于发生了不好的事情。

虽然心里很想知道"你为什么哭呀""发生什么事了"，但却很难开口问对方。因为去接近正在号啕大哭的朋友是需要勇气的。即使没有这个勇气，我们也还是要向哭泣的朋友伸出援手，尽量帮忙稳定朋友的情绪。

容易产生的情绪 究竟怎么了呀？该不该管他呀？

没有人会无缘无故地哭泣，但正是因为对方不是平时的状态，所以便不敢轻易开口。此时你的脑海里很容易浮现出"找他说话会不会多此一举""还是等他自己冷静下来吧"……这类想法。

● 在教室里哭是想得到别人关心的表现

（1）在教室里哭的孩子期望得到别人的关注

每个人都有过想哭的时候，但不是每个人都会在教室里哭。有的人会在没人发现的角落里哭泣。在教室里哭的人内心希望得到别人的关注，希望有人能知道他的感受。

（2）一旦得到别人的关注，想哭的心情会得到缓和

如果他知道有朋友关心正在哭泣的他，想哭的心情自然会缓和。

（3）认为在教室里哭是一件丢脸的事

虽然在教室里哭的孩子想要得到别人的关注，但同时他也认为在教室里哭是一件丢脸的事。如果忽略了这种感觉，就很难安慰到他。

必备社交小技巧

1 靠近朋友并小声询问对方"你没事吧"

小声询问对方"你没事吧",朋友会感到"你在关心我"从而觉得安心。不要问他"怎么了"。因为朋友会觉得你在让他解释哭泣的理由,一时自顾不暇,难以应对你。

2 尽量等到对方愿意主动说话

尽量在旁边静静地等待朋友的心情冷静下来,愿意主动说话。如果将手轻轻地放在朋友的肩膀或者背上,就能让对方感到你的关心。

3 运用"倾听的技巧"

（1）边倾听边附和　　（2）不要中途打断对方的话　　（3）最后说一句"原来是这样啊"

当哭泣的朋友开始说话时,运用"倾听的技巧"(参照"23 听朋友倾诉烦恼时"中的技巧2、3、5),仔细倾听朋友的话。

4 重复朋友的话

将朋友的话鹦鹉学舌一般地重复一遍,会让朋友感受到你能深刻地理解他的心情,从而觉得安心。

5 询问对方有没有你能为她做的事情

听完朋友的话,询问对方有没有你能为她做的事情。至于希望自己做什么,要看朋友的意思。

28 想要帮助独自忙碌的朋友时

当你看见朋友独自拿着很重的东西爬楼梯，或者看见他下课后独自忙着收拾教室的时候，你会怎么做？

可能即使想要帮忙，也不好意思主动提出，因为害怕被对方拒绝，结果就错过了这个机会。

但是如果换成是你处在那种情况下，得到了朋友的帮助，是什么感觉呢？此外，如果下定决心果断出手帮助朋友，你自己又是什么感觉呢？

人们在生活中每天都需要互相帮助。看到朋友独自忙碌时，怎样才能自然地提出帮助对方，是需要我们思考的。

容易产生的情绪　她看起来好辛苦啊！但如果我去帮忙，会不会是我多管闲事呢？

小佐，我们快点走吧！

她看起来好辛苦啊，我要不要去帮忙？

怎么办？会不会是我多管闲事呢？

看到独自忙碌的朋友时，容易一边想着"我想帮帮她"，一边犹豫自己是不是多管闲事。

想要帮忙但却不知道怎么向对方提出，也没有主动提出的勇气，结果就什么也没做。

● 鼓起勇气，真诚地告诉对方自己的想法

（1）真诚地表达"我想帮你"的想法

"让我帮你吧"这句话传达出来的信息是"我想做你的好朋友"。不要想着"可能是我多管闲事""被拒绝了怎么办"这些结果，先真诚地表达出你想要帮助他的想法。

（2）即使被拒绝，对方也感受到了你的好意

独自忙碌的时候得到别人的关心，朋友的内心会觉得温暖。即使拒绝了你的帮助，他也会感受到你"想要和他做好朋友"的心意。

（3）对自己有自信

提出"让我帮你吧"，实际上也算出手相助了，等于将自己的想法付诸实践，也对朋友起到了帮助的作用。能将自己的想法付诸实践，会让你变得有自信，感到有志者事竟成。

必备社交小技巧

1 立刻走到朋友身边

如果看到朋友独自忙碌而想要帮忙,不要思前想后,立刻走到朋友身边吧。

2 向朋友提出"让我帮你吧"

你看起来好忙啊,让我帮你吧!

谢谢,你来帮我真是太好了!

不是"我来帮你",而是提出"让我帮你吧"。因为要不要接受这个请求取决于对方。在声音的大小上,对方能听见就行了。

3 即使被拒绝也别在意,离开就好

谢谢,但我一个人也能完成,就不用麻烦你啦!

好的,那你小心些啊!

当然有时候会被拒绝。说一句"好的,那你小心些啊"或者"这样啊,那你加油吧"后离开就行。重要的不是"被拒绝"这个结果,而是你表达了帮助的意愿,让对方感受到了你的好意。

有人提出帮助你的时候

前面说到了想要帮助独自忙碌的朋友时的技巧,那么,如果是你遇到了麻烦,朋友和你说"让我帮你吧",要怎么做才好呢?

如果你想接受别人的帮助,可以说"谢谢,你来帮我,我就能早点做完了"表达"感谢的话语"+"得到帮助后的积极结果"。

当你不需要别人的帮助时,可以说"谢谢,但是我一个人就行了"表达"感谢的话语"+"拒绝的理由"。此外,也可参照"10 想得到朋友的帮助时"。

29 想要为努力的朋友加油助威时

在例如集体跳绳、团体操和合唱这样需要大家齐心协力完成的场合，看到明明很努力但就是跟不上大家的人你会怎么想？

你会认为这个人是拖大家后腿的罪魁祸首吗？还是觉得这种事和自己没有关系？还是想要为这个人加油助威呢？

如果你自己就是这个人，会怎么办？如果你的努力能得到朋友的认可，就不会气馁，或许有一天就能成功。但是如果被人嫌弃说"这么简单你怎么都做不到呢"，可能就失去动力了。

当大家齐心协力做一件事时，想要通过加油助威来表达对朋友努力的认可，提升团队的士气和凝聚力，以取得更好的结果，是有诀窍的。

容易产生的情绪 他怎么就做不到呢？真差劲，虽然不关我的事。

> 这家伙又跳错了。虽然和我无关，可这要练到什么时候啊！

> 你能不能好好跳啊？就你在那拖大家的后腿！

当大家齐心协力做一件事时，如果有一个人总是跟不上，会很容易让人觉得这个人拖了后腿，有的人会批评他做得不好，有的人会觉得和自己无关，漠不关心。

● 比起批评，加油助威更令人开心

（1）做得不好的人最羞愧

大家都做得很好，只有自己跟不上。对于这件事，最羞愧的不是别人，而是自己。因为羞愧得无地自容，所以只好拼命努力希望能跟上大家。

（2）如果有人为自己加油，就能更加努力

虽然批评和忽略会使人丧失斗志，但是若能得到别人的加油助威，则会更加努力。会因为自己被接纳成为集体中的一员而感到安心。这种安心感是更加努力的动力。

（3）为别人加油助威，不管最后是什么结果，都能坦然接受

如果只是责备做得不好的人，就只会留下满肚子抱怨。但是为做得不好的人加油助威能使大家齐心协力，最后不管是什么结果，都能坦然接受。

必备社交小技巧

1 给对方加油助威的方法

（1）靠近对方并叫他的名字

来到正在努力的朋友身边，用他能听到的声音叫他的名字。听到别人叫自己的名字，会感觉自己被大家接纳成为了集体中的一员，觉得受到了重视。

（3）对方一有进步，就要指出来

只要对方有一点进步，就用语言表达出来给予他肯定。因为一门心思努力的人往往不知道是不是找对了方向。对方如果知道他确有进步，就会看到成功的希望，也会更有自信。

（2）跟对方说"一起加油吧"

不要说"要加油啊"，而要说"一起加油吧"。"一起加油吧"传达出了加油的人和被加油的人"一起努力"的信息。另一方面，"要加油啊"是要求已经在努力的人更加努力一点的说法。

（4）给对方建议

给出具体怎么做才能成功的建议。

2 表示看到了对方的努力

表示看到了对方努力的样子。朋友知道他的努力被别人看到了会感到安心，也会想要更加努力。

作业 4　寻找朋友的优点

◆ 目标

人都非常在意朋友对自己的看法。往往通过朋友对自己的评价来判断自己的特长所在。孩子通过朋友的夸赞而意识到自己的特长是什么，得到肯定后会更加积极地发扬它。

这份作业是让孩子找到彼此的长处。在找到朋友长处的同时，也能找到自己的长处。

◆ 顺序

①分发"寻找朋友的优点"作业纸，在姓名一栏写上自己的名字。

②将所有人的作业纸收上来，再重新把它们随机分发下去。

③在作业纸"＿＿的优点"的横线上填上姓名一栏里的名字。

④仔细回忆这个人的优点，比如他非常努力的地方；或是你印象中他的强项；或是你欣赏他的地方，填在"＿＿的优点"一栏里。

⑤写上"因为……"这样的理由，比如"因为……我觉得他很努力""因为……我觉得他很厉害"。

⑥所有人写好后，将作业纸收上来，再重新随机分发下去。此动作总共重复4次，最后将作业纸还给主人。

⑦在朋友写的"优点"中，如果有自己以前就已经注意到的地方，用红笔画一个大大的○。

⑧如果写的内容中有自己以前一直没有发现的地方，用红笔画一个大大的△。

⑨在感想栏里写上感想，表述一下你读了"优点"后是什么心情。

⑩在大家面前发布自己的感想。

寻找朋友的优点

_____年级_____班　姓名_____

_____的优点

_____的优点

_____的优点

_____的优点

看完大家写的"优点"之后的感想是什么？

第5章
想要摆脱困境

30 收到别人不合理的邀请时

当小伙伴带了被明令禁止带入学校的零食并邀请你一起吃的时候，你会怎么做？

可能你会经历这样的心理斗争：一方面觉得"不想坏了规矩"；另一方面又担心"如果我拒绝会不会招致小伙伴的讨厌"，因此进退两难。

但是，这个小伙伴不是邀请你做开心的事或者是有意义的事，而是撺掇你做破坏规矩的事情。这一点要想清楚。

勿以恶小而为之。即使是一件微不足道的小事，只要答应了一次，今后就有可能会遇到更坏的邀请。不要犹豫，果断拒绝吧。

在你坚定拒绝后，小伙伴可能也会幡然醒悟，自己也不再做这样的事了。

容易产生的情绪 虽然我不想坏了规矩，但是也不想因此被小伙伴讨厌。

来一起吃吧！

虽然你知道小伙伴邀请你做的事是"违反规定的坏事"，但由于对方没有邀请别人只邀请了你，因此你非常想回应这份重视。如果你这么想，就会担心拒绝小伙伴是辜负了对方的信任，拒绝可能会招致对方的讨厌，就会感到很难拒绝。

● 无论如何，重要的是果断拒绝

（1）**这样就不会做违反规定的事了**

如果坚定拒绝，就不会做违反规定的事了。如果没能拒绝对方，就会被迫去做自己不想做的事，会有罪恶感。

（2）**不会再有人邀请你做违反规定的事**

只要果断拒绝，之后便不会再有人邀请你做违反规定的事了。最开始就果断拒绝很重要。

（3）**小伙伴的想法可能也会改变**

如果坚定拒绝，小伙伴可能也会改变他自己的想法，不再做这样的事了。坚定拒绝也是为了对方好。

（4）**能果断拒绝别人的你会增添自信**

果断拒绝别人不是一件简单的事。这是需要勇气的。如果能做到这一点，会给自己增添自信。

必备社交小技巧

1 坚定地表达拒绝

来一起吃吧！

我不吃！

收到别人不好的邀请时，坚定拒绝对方很重要。不能让对方觉得你在犹豫。

2 解释拒绝的理由

我不想违反规定。

表明自己"不想违反规定""不想做坏事"的想法。对方就不好再继续坚持了。

3 提出替代方案

今天放学来我家玩，咱们再一起吃吧！

向对方表达拒绝时提出例如"咱们别在学校吃，回家吃吧""别吃零食了，咱们出去玩吧"之类的替代方案。

4 直视对方的眼睛，清楚地拒绝

NO!

如果弱弱地小声拒绝，小伙伴会更努力地劝说你。直视对方的眼睛，用对方能听清的声音清楚地拒绝。

怎样才能鼓起勇气

在拒绝别人不好的邀请时需要勇气。运用在"4 想要加入一个新的小团体时"里面介绍的"让自己鼓起勇气的自我对话"，鼓起勇气吧。

这时如果感到紧张，可以使用"让自己冷静下来的技巧组合"（参照 21 火冒三丈时）。其实就是在内心一直反复告诉自己"要冷静"。

虽然在别人当场邀请，必须马上拒绝对方的时候没办法提前练习，但如果邀请和回复之间有时间差（例如用邮件邀请的时候），可以不断重复练习说出拒绝的话。事先练习可以让心情平静下来，从而产生拒绝别人的勇气和自信。

31 被小伙伴取笑的时候

你有做不擅长的事情或是犯错时被小伙伴取笑，觉得不甘心的时候吗？

被人取笑觉得不爽的时候，若拼命压抑自己的情绪保持沉默，那么对小伙伴感到生气和愤怒的心情会一直留存下来。可如果使用污言秽语或者暴力手段抗议，不但心情无法平静，还会更加激动，弄不好还会引发冲突。

取笑你的情况分为两种：一种是并不想伤害你，只是用很儿戏的态度说了你；另一种则是实际上存在恶意的情况。不管是哪种，根据你的反应不同，都有可能让事情变得严重。因此需要巧妙地化解这种情况。

容易产生的情绪 真不甘心！想来个反击，但怎么做才好呢？

> 你的球投得可真差啊！
>
> 你再说一遍！

如果小伙伴取笑自己不擅长的事情或者犯的错，"我搞砸了"的心情会更加强烈，会感到很沮丧。或者可能会因为觉得对方"凭什么这么说我"而感到愤怒，用脏话回击或者施以暴力。不论是哪种，都是非常糟糕的。

● 冷静下来，明确表达自己的感受

（1）首先要冷静下来

不管对方有没有恶意，如果你表现得很激动，对方就会觉得很有趣，从而变本加厉。首先要冷静下来。

（2）用明确的语言表达"别这样"

不能用暴力来展现自己的心情，而是用言语清楚地表达"我希望你别这样"。用语言表达你很讨厌这种行为，对方更容易理解。

（3）用语言表达，能减少后续的嘲讽

如果能用语言明确地表达你讨厌这种行为，那么不仅是当场，甚至是以后这种取笑都会减少。因为明确地表达你的心情，对取笑你的人来说不是什么有趣的反应。既然没什么意思，就不会想要重复了。

必备社交小技巧

1 使用"让自己冷静下来的技巧组合"

被取笑了真不甘心,如果满脑子想的都是"气死我了",那么愤怒会愈演愈烈。使用"让自己冷静下来的技巧组合"(参照"21 火冒三丈时")。一直重复"让自己冷静下来的技巧组合"里的内容直到奏效。

2 用冷静的口气说"别这样"

将"我很生气"的心情和"希望你别这样"的意思用语言清楚地表达出来。虽然很难,但尽量冷静地说出来。因为如果你很情绪化地表达,对方会觉得你的反应很有趣,可能会变本加厉地取笑你。如果对方只是用儿戏的态度取笑你,知道你不高兴,他就不会再做了。

3 不理对方,当场离开

当你说了"不要这样"可对方还是继续做的话,不要再理对方,直接当场离开。一直走到看不见对方的脸,也听不见对方的声音的地方为止。

4 和对方说"我要告诉老师"

如果这样对方还是继续取笑你,那么明确地和对方说"我要告诉老师"。对方知道如果再这样就有麻烦了,就不会取笑你了。实际上不告诉老师也行,但是如果对方一直纠缠你,最好真的告诉老师。

32 想要对方明白自己在理时

你在椅子上坐得好好的，在教室里追跑打闹的小伙伴绊在你的脚上摔倒了。

学校规定在教室和走廊禁止乱跑。因此违反规定的是那个小伙伴。但是那个小伙伴却一副要吵架的样子对着你嚷道："你搞什么！给我道歉！"

明显是对方的错，自己却受到了责备，不管是谁都会生气。想必会很不甘心想要争论一番吧？

但是，如果放任愤怒驱使行动，就会引起冲突。不仅如此，不管是对方还是周围的人都会忽略一点——本来不是你的错。

一起来看看当自己在理时的抗议方法吧。

容易产生的情绪：你吵什么呀？明明错的是你！

> 明明是你的错！
>
> 你干嘛伸腿绊我？给我道歉！

明明是对方的错，可他却一副要吵架的样子不停地责备你，瞬间就让你怒气上涌，一不小心你也摆出了吵架的架势。

冷静地用语言抗议，表明自己在理

（1）首先要冷静

如果一直怒火中烧，让愤怒的情绪愈演愈烈，那么瞬间就会变成吵架。因此首先要冷静下来。

（2）用语言表达自己在理

一旦变成吵架，就没人再会注意到你是不是在理，而吵架本身则开始引人注目。结果就是"各打五十大板"。与此相对，如果用言语抗议，不但不用听多余的说教，也容易让对方意识到是他的错。

（3）周围的人也能理解你

如果用语言表达自己在理，那么就能让周围的人意识到你是有理的。

必备社交小技巧

1 运用"让自己冷静下来的技巧组合"

首先让自己的心情平静下来。运用"让自己冷静下来的技巧组合"(参照 21)。

2 "让自己鼓起勇气的自我对话"

表明自己在理是需要勇气的。运用"让自己鼓起勇气的自我对话"(参照 4)。

3 抗议的方式

(1) 只谈事实

只把发生的事实告诉对方。抑制自己想说"所以是你的错"的心情。直视对方的眼睛,用对方听得见的声音抗议。

(2) 清楚地告诉对方你在理

清楚地用语言表达你在理。但是,不能反过去责怪是对方的错。

(3) 强忍着重复

对方反驳说"是你的错"时,重复(1)和(2)。为了不失去冷静,同时重复技巧 1 和 2。

4 对方承认错误后,你要表示原谅

如果对方承认是他的错,你要学会原谅对方。如果加上一些"算了""我原谅你"之类的话语,对方的情绪也会平静下来。

5 如果对方胡搅蛮缠拒不理解,你要当场离开

对方拒不理解的时候你要当场离开。这是为了避免争吵。抗议的目的不是吵架,而是表明自己在理。这个目的已经达到了。

33 想要自证清白时

朋友告诉你秘密时还特意说了"不要告诉别人哦",结果却在班上传开了。

虽然朋友怀疑是你说的,但是你其实并没有泄露秘密。可不管你说多少遍"我没有告诉别人",朋友都不肯相信。

当被朋友怀疑时,你会感到不知所措;或是觉得不甘心;抑或是非常失落。如果基于此事刻意回避朋友或是诋毁朋友,那么你和朋友的友情可能就到此为止了。

置之不理是不能自证清白的。重要的是要思考为什么自己会被怀疑,以及怎么做才能自证清白,然后行动。让我们思考一下怎么做才能澄清朋友对自己的误会吧。

容易产生的情绪 明明不是我做的。怎么办才好呢?

> 我明明告诉你要帮我保密,你怎么这么过分。是你告诉大家的吧。你不守信用,我再也不会相信你了!

> 等等,我没有将秘密告诉任何人,一个字都没说啊!

明明是清白的却被当成是罪魁祸首,一时不知怎么办才好。这时候不可以道歉。即使你有信心能洗清嫌疑,对方此时也不愿意听你解释。有时会觉得大脑一片混乱,甚至生朋友的气。

● 想想自己被怀疑的理由吧

(1) 应该思考的是为什么自己会被怀疑

明明是清白的却遭到怀疑,首先会觉得窝火和不甘心,会试图让对方明白你是清白的。但其实此刻应该做的不是澄清自己,而是思考为什么自己会被怀疑。

(2) 原因可能在自己身上

朋友之所以会怀疑你,可能是因为你做了什么容易引起别人怀疑的事情。可能无意中将朋友的一部分秘密说了出去,或者是你的说话方式让人产生了误解。仔细想想自己会被别人怀疑的原因。

(3) 考虑朋友的心情

考虑朋友是什么心情。他的秘密被公之于众对于他来说是一件非常心酸苦涩的事情。考虑到朋友的心情,或许就能明白朋友怀疑你的理由了。可能就是急于确定是谁泄露了秘密。

必备社交小技巧

1 运用"让自己冷静下来的技巧组合"

知道自己被别人怀疑时,重要的是先要冷静下来。运用"让自己冷静下来的技巧组合"(参照21)。多次重复直至奏效。

2 回忆自己有没有做过相关的事

回忆在具体的场合下自己的说话方式和说话内容,例如有没有使用一些会间接泄露秘密的说法;或者用了一些可能让人察觉到秘密的说法。

3 明确表示自己没有说

> 我可是跟谁都没说。

当确信自己没有泄密之后,明确表达"我和谁都没有说"。不说清楚这一点,就等于承认了自己就是那个罪魁祸首。

4 询问对方怀疑自己的理由

> 为什么你认为是我把秘密说出去的呢?

用冷静的语气说

询问朋友怀疑你的理由,就能找到解开误会的线索。直视对方的眼睛,用冷静的语气询问对方。

5 用 5W1H 提问澄清怀疑

> 大家都说是你说的。

> 大家指的是谁?那是什么时候的事?有说看到我在哪里说了什么吗?

询问对方理由后,仔细询问"什么时候(When)""哪里(Where)""谁(Who)""什么内容(What)""为什么(Why)""怎么样(How)"等,怀疑就能被澄清了。

6 让其他人为自己作证

如果朋友提到了谁的名字,就找那个人证明你没有说。

34 想要平息朋友的愤怒时

有人把朋友很喜欢的钥匙扣弄坏了，扔在地上。看到这番景象的朋友怒气冲天，大声嚷嚷起来。

周围的小伙伴都很惊讶地看着他，但是不知道该怎么开口劝他。

教室里弥漫着一种紧张的气氛。大家都很想做点什么缓和气氛，但是都只是在一旁看着，不敢轻举妄动。

你也很想让朋友冷静下来，但是弄不好可能会让朋友将生气的矛头转向你，不知道该怎么劝他才好。这种时候应该怎么做才好呢？

容易产生的情绪 希望他能冷静下来。但是该怎么做才好呢？

虽然很希望发怒的朋友能冷静下来，但是不知道做什么才好，弄不好可能会被迁怒。考虑要不要对他放任不管，但是看着怒气冲天的朋友，自己的心里也很难平静。

先仔细观察朋友发火的样子，再和他说话

（1）有时候放任不管比较好

朋友因为喜欢的东西被弄坏而气得直跺脚，在他的怒火被平息之前，让他发泄出来比较好。

（2）希望别人能明白他的感受

气得直跺脚的朋友，内心希望周围的人能明白他的不甘心和愤怒。只要他感到周围的人明白了他的感受，自然就会冷静下来了。

（3）表示你能理解他的愤怒

和正在发火的朋友说话的重点是，告诉他发火是正常的。虽然大声嚷嚷这件事本身看起来不算好事，但是要表达出他这么做是可以理解的。

必备社交小技巧

1 一边观察对方，一边等待

不要马上和他说话，先在一边观察他五分钟左右。只要周围人不起哄，或者没有人火上浇油，强烈的愤怒在五分钟之后会逐渐平息。

2 说话的艺术

> 没事吧？如果是我喜欢的东西被弄坏了，我也会生气。

> 有什么我能为你做的吗？如果有，尽管说。

> 总之先坐下来消消气，待会儿去老师那里吧。

（1）小心地靠近他

感觉到愤怒逐渐平息了就靠近对方。但是如果对方特别愤怒，可能会迁怒于你，所以要小心地靠近他。

（2）表达能理解他的心情

先轻轻地问一句"没事吧"，再用"发生的事+我也会×××+对方的心情"这个句式表达你能理解对方的心情。

（3）询问自己能做点什么

询问有什么自己能做的事情。朋友知道你站在他这边以后会感到安心。此外，他需要一些时间想想怎么回答你，经过这个过程心情就会更加平静。

（4）具体提出接下来要做什么

当愤怒的朋友已经冷静到愿意听你说话的时候，你要具体表达希望他做什么。这时说话要包含你也一起做的意思。

朋友被愤怒驱使诉诸暴力的时候

当怒不可遏的朋友情绪无法控制，马上就要爆发的时候马上去叫老师。

此外，生气的朋友和前来劝说的小伙伴吵起来的时候，也要去叫老师。

最后，当弄坏朋友钥匙扣的人就是你的时候，参考"12 让对方生气后想取得对方的原谅时"向他道歉。

35 不想再被别人说坏话时

听闻朋友说你的坏话，无论是谁都会心情失落，十分不悦。即使有些话说的并不是事实，也有可能会因此而让你失去自信。一想到万一谣言在班上传开，就会感到不安。你也可能会非常生气，会和说坏话的朋友发生冲突。

这种时候应该怎么办呢？是反唇相讥来反击对方比较好呢？还是拜托对方"不要再这样了"比较好呢？抑或是保持沉默比较好呢？

用语言明确地表达"不要再说坏话了"是很重要的。但仅仅是一味地强调，是不够的，还得用对方能接受的说话方式来表达。

容易产生的情绪 我希望他们别再说了，但是我没有勇气说出来……

××在说你的坏话呢！

如果看到或者听到朋友说你的坏话，会很生气。虽然希望对方别再说了，但是说出这句话也需要勇气，不知道该怎么办才好。

● 用语言清楚地表达"别再说了"

（1）鼓起勇气

有人说你的坏话，虽然就这么忍气吞声也能过去，但只是沉默的话，坏话并不会消失。你必须拼命鼓起勇气，对说你坏话的人明确表达"不要再这样了"。

（2）冷静下来

刚知道朋友说你坏话的时候，真是生气极了。但是如果任由愤怒驱使起了冲突，甚至引发暴力，那么你也不能免责。因此冷静下来是很重要的。

（3）用语言清楚地表达

被朋友说坏话了，不管你多么愤怒、伤心，先冷静下来，用语言清楚地告诉对方你的心情，然后表达希望对方不要再说了。如果用语言表达，对方会更容易理解你的心情。也能让周围的人明白你的心情。

必备社交小技巧

1 运用"让自己鼓起勇气的自我对话"

加油！
鼓起勇气来！
一定没问题的！

想告诉对方不要再说自己的坏话是需要勇气的。在这里可以运用"让自己鼓起勇气的自我对话"（参照"4 想要加入一个新的小团体时"）。

2 运用"让自己冷静下来的技巧组合"

要冷静，要冷静！
吸气 呼气～

知道有人说你的坏话就只顾着生气的话，你想说的话就没法好好表达出来了。当时的你可能会很冲动，在这里可以运用"让自己冷静下来的技巧组合"（参照"21 火冒三丈时""22 控制不住感到愤恨时"）。

3 表达感情的方法

××，希望你不要再说我的坏话了。

被你那么说我觉得很愤恨，让大家都认为我是个骗子是一种非常不开心的感觉。而且听到××这么说我的坏话，我也很沮丧。

如果我做了什么让你不开心的事情希望你直接告诉我。你和我说我才能改掉。

（1）清楚地表达"希望你不要再说了"

用语言清楚地表达希望对方不要再说你坏话的意思。直视对方的眼睛，尽量冷静地说出来。不要用"快闭嘴"这样命令的口吻，而是要用"希望你不要这样了"这样请求对方的说法。因为用命令口吻的话很容易引起冲突。

（2）不要责备对方，而是要表达自己的心情

责备对方只会引起矛盾。此时要表达自己的感受。比如被说坏话是一种怎样的心情，或者内心是多么受伤。

（3）提出直接告诉你的建议

你要提出建议：与其在背后说你的坏话，不如对方能直接告诉你。提出建议会使结果往更好的方向发展。

作业 5　练习如何拒绝别人

◆ 目标

有时小伙伴有事拜托你，由于内心"虽然真的很想拒绝，但是不想被小伙伴讨厌"，结果接受了朋友的请求。

这份作业旨在练习如何巧妙地表达拒绝。

◆ 顺序

①阅读作业纸的《场合1》，思考这时如果是你，会说什么？将要说的话写在"最初想到的拒绝的话语"一栏中。

②各自公布写了什么。预测如果真的说了"拒绝对方的话语"，对方（小A）会有什么感觉；以及和对方（小A）之间会发生什么。

③学习拒绝对方的话语，最好由a.道歉的话语；b.拒绝的理由和意见；c.拒绝的话语；d.替代方案四个要素组成。在《场合1》中，和大家讨论决定这些要素具体分别该怎么说，写在作业纸"拒绝对方的话语"中。

④将"最初想到的拒绝的话语"和在第③步中写的"拒绝的话语"做对比，思考"最初想到的拒绝的话语"中缺少四个要素中的哪几个要素。

⑤阅读《场合2》，根据拒绝对方的话语的四个要素思考怎么拒绝对方比较好。在"尝试写出拒绝的话语"一栏中按这四个要素写上去。

⑥和大家互相交流第⑤步的答案。

巧妙地拒绝

_____年级_____班　姓名_____

《场合1》

小A没有写作业。小A走过来和你说"能把作业给我看看吗"，你不想给他看作业，想要拒绝他。这时你要说什么才好呢？

最初想到的拒绝的话语

拒绝的话语
　　a. 道歉的话语
　　b. 拒绝的理由和意见
　　c. 拒绝的话语
　　d. 替代方案

《场合2》

放学后，你作为班委会成员正准备完成工作，小B走过来对你说"别做了，我们一起回家吧"，但你想要认真完成班委会的工作。这时你要说什么才好呢？

尝试写出拒绝的话语
　　a. 道歉的话语

　　b. 拒绝的理由和意见

　　c. 拒绝的话语

　　d. 替代方案

第6章
想要团结大家

36 想要活跃气氛时

到了吃午饭的时间，打完饭大家聚在一起开始用餐。

肚子饿得咕咕叫的你狼吞虎咽地吃了起来，吃着吃着突然发现大家都默默地吃饭，虽然偶尔会说两句话，但说了之后就没声音了。气氛有些尴尬。

这样本来好吃的饭菜仿佛也变得不好吃了。你很想说两句话，活跃一下气氛。怎么做才好呢？

容易产生的情绪 没人说话，感觉有些尴尬啊！

- 怎么觉得有点尴尬呢！
- 该怎么做才好呢？
- 谁能开口说句话啊？

明明不是关系很差，但不知道为什么有时候对话就容易进行不下去，容易冷场。一旦场子冷下来，大家就更不好开口了，于是"真尴尬啊"的感觉就会愈发强烈。

⬤ 说相声要有逗哏的和捧哏的

（1）大家都参与进来，气氛才会热烈

如果只有一部分人在说话，气氛就很难炒热。大家都参与，场子自然就热了。

（2）逗哏和捧哏的角色要能互换

如果每次都是某些人说话而其他人听，那么气氛也很难活跃起来。如果逗哏的人转去捧哏，刚才还在捧哏的人开始逗哏了，那么话题就会延续下去，气氛也会热烈起来。

必备社交小技巧

1 选择话题的方法

> 今天的午饭是奶汁焗菜啊!

> 我最喜欢奶汁焗菜了,小诚你呢?

（1）首先选择眼前看到的东西作为话题

最初的话题应选择眼前看到的东西。这样大家都容易参与讨论。

（2）选择有意思的话题

想要活跃气氛时最好选择令人开心的话题或者搞笑的话题。

（3）就这个话题聊一聊自己的想法

就这个话题简单地说说自己的意见或喜恶之类。

2 针对话题提问

> 小美你觉得午饭里哪样菜最好吃?

针对与话题有关的事情提问。问题分为"封闭式问题"和"开放式问题"两种形式。

尽量选择"开放式问题"。

3 提问时指定回答的人

> 我也喜欢奶汁焗菜。小诚你呢?

在提问时加上你希望继续谈论这个话题的人或者回答问题的人的名字。这样的话,下一轮谁来说话谁来听就一目了然了。

4 传递"我在听你说话哦"的信号

> 原来如此啊!

传递"我在听你说话哦"的信号,比如一边听一边附和"什么""这样啊""原来如此啊"等。说话的人知道有人在仔细听他说话,就会想说得更多。

选择"开放式问题"

问题有两种类型。

一种是"封闭式问题"。比如"你吃早饭了吗"这个问题的回答只有"吃了"和"没吃"两种。

另一种是"开放式问题"。如果问"你早饭吃得怎么样",就会得到各种各样的回答。

以"什么时候（When）""哪里（Where）""谁（Who）""什么内容（What）""为什么（Why）""怎么样（How）"（5W1H）开始的问题都属于"开放式问题"。

相比而言,询问开放式问题对方能选择自己想说的话题,会更有利于对话的进行。

37 想要巧妙地整合敌对意见时

有没有遇到过与朋友各执己见互不相让，结果很难收场的情况？或者是年级大会的时候班级之间产生了敌对的意见无法达成一致，空等时间过去却无法获得最后的决议，结果整个气氛都很糟糕的情况？

明明举行交流讨论会是为了互相了解彼此的想法，从而让大家团结一致，结果却让双方的关系恶化，这样就很让人头疼了。

那么出现敌对意见的时候，想要巧妙地整合意见，究竟该怎么做才好呢？

容易产生的情绪：双方都不肯退让啊，那就少数服从多数吧！

> 我认为在校园文化节里开一个玩具枪打靶摊是最好的。
> 赞成。
> 我认为在校园文化节里开一个自制蛋糕铺比较好。
> 赞成。
> 怎么办呢？不如少数服从多数吧！

有时候会遇到需要全班达成一致意见，却偏偏很难达到的情况，令人头疼。尤其是意见出现分歧的双方互不相让的时候，此时可以用少数服从多数的方法。但是如果最后双方只有一票之差，会怎么样呢？这样输掉的一方肯定不服气。

● 意见不同很重要。思考有没有容纳两方意见的可能

（1）赞成意见的作用是补充支持

有人赞成，证明想法相同的人不止一个。此外，也可以补充初始意见不够完善的地方。因此，赞成意见有补充支持初始意见的作用。

（2）反对意见可以让人意识到问题的存在

有人反对，证明有人有其他的考虑。此外，也让我们意识到存在和初始意见完全不同的想法。因此，反对意见可以让我们意识到初始意见的缺点和负面影响。

（3）比较意见，并合二为一

听起来反对意见是对初始意见的否定，是完全不同的新意见。但是如果仔细比较赞成意见和反对意见，会发现它们意外地有很多共同点。重点是要努力做到保留双方的共同点，将某一方的意见稍作改变，从而将两个意见合二为一。

必备社交小技巧

1 整合意见的方法

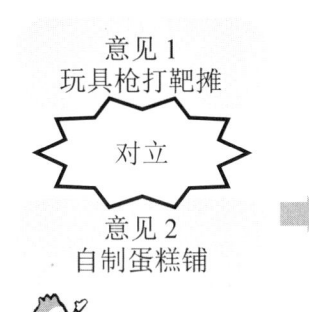

意见1
玩具枪打靶摊

对立

意见2
自制蛋糕铺

请大家说说各自的意见和理由。

● 关于意见1
赞成 = 因为玩具枪很好做，所以赞成
反对 = 因为需要大场地，所以反对
弃权 = 在想有没有什么其他更好的方案，所以弃权

● 关于意见2
赞成 = 感觉食品店会比较受客人的欢迎，所以赞成
反对 = 只卖蛋糕没什么热闹的气氛，所以反对
弃权 = 在想有没有什么其他更好的方案，所以弃权

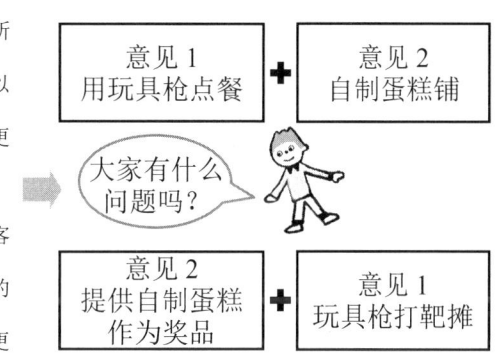

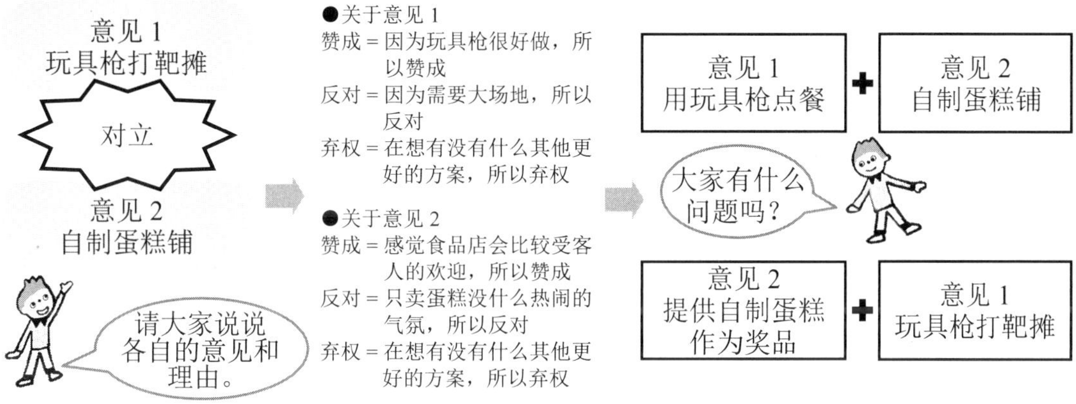

大家有什么问题吗？

意见1 用玩具枪点餐 + 意见2 自制蛋糕铺

意见2 提供自制蛋糕作为奖品 + 意见1 玩具枪打靶摊

（1）要求发言包含"意见 + 理由"
　　要求大家清楚地表达是赞成、反对还是弃权。此外还要加上理由。

（2）将大家提出的意见大声朗读一遍
　　将大家的意见写在黑板上或纸上，之后朗读。这样容易找到对立点和共同点。

（3）向大家征集对意见的疑问
　　鼓励大家对不明白的地方或是没说清楚的地方及时提问。这样更方便整合大家的意见。

（4）将赞成和反对意见合二为一
　　找到两个意见的共同点，吸收各自的优点整合成一个意见。

2 确认决议的方法

按少数服从多数来决定怎么样？

　　不要立马做出决定，而是要问大家希望如何做出决议。可能会出现"按剪刀石头布来决定"的意见。向大家确认做出决议的方法，会最大限度地减少对结果感到不满的人数。

3 之后和大家再商量一次

今天没能达成一致意见，我们明天再商量吧！

　　若当时意见没能达成一致，要之后再和大家商量一次。在那之前有人可能会改变意见，甚至提出一个全新的意见。

4 让大家认可各种意见的产生

最后决定按照这个意见实施。感谢大家提出了许多宝贵的意见。谢谢大家！

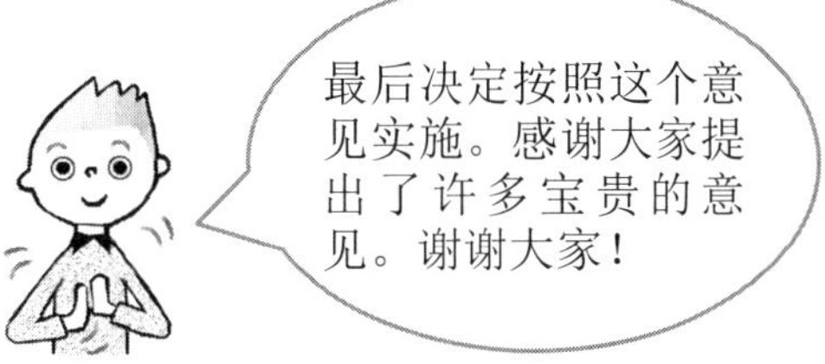

　　不管是什么结果，都会有人不满。为了平息大家的不满，心情愉快地接受这个结果，需要让大家认可各种意见的产生。

95

38 作为团队领袖想要团结大家时

当进行例如班委会成员活动、班级活动等团体活动的时候，需要选举能凝聚所有成员向团体目标努力的团队领袖。

但是被选为团队领袖的人，有可能并不知道如何带领大家，所以最终什么都没做；或者只会一味地向成员发号施令；或者干脆一个人包揽全部工作。这些做法是无法凝聚成员、实现团体目标的。

为了让大家愉快地合作从而完成目标，作为团队领袖该做什么好呢？作为团队领袖，如何动员成员、整合团队是有诀窍的。

容易产生的情绪

①迷茫困惑；②发号施令；③独自承担。

① 呃……我该怎么办呢？

② 小吉做这个；小田做那个；小藤去做另一个。我做那个和这个，啊，还有一个也是我做。我是团队领袖，大家按我的命令做就好。

③ 要做的事 要做的事 要做的事 要做的事。因为我是团队领袖，所以所有的工作我都有份。

图①是一位因为不知道该做什么而感到迷茫的团队领袖。如果这时成员向他请求指示，他会更加不知所措，什么也做不了。

图②是一位认为"因为团队领袖比其他成员能力更强，所以大家都应该遵照我的指令行动"的团队领袖。一味地向大家发号施令。

图③是一位认为"因为团队领袖比其他成员能力更强，所以所有的工作都有份"的团队领袖。不向成员寻求帮助，想要一个人包揽全部。

● 团队领袖是分配工作同时凝聚民心的人

（1）团体自有其目标

不管是什么团体，都有其目标。正是为了达到这个目标才创造出了这个团体。

（2）只靠团队领袖是完不成目标的

团队的目标不是靠团队领袖一个人的力量就能完成的，必须集中所有成员的力量。团队领袖的任务是要创造一个有利于集中成员力量的氛围。

（3）和成员一起分担工作

团体的工作应由全部成员一起分担。团队领袖的任务是为了实现团体的目标，将工作分配下去并让成员积极参与。

（4）整合团队工作

团队领袖的另一个任务是将分配给成员的工作在最后阶段整合起来，从而实现团体目标。

必备社交小技巧

整合团队的技巧

（1）将团体目标具体化

确认团体的目标。团体目标可以分为大目标和将之分解之后的一个个小目标。尽量互相确认到每个具体的小目标是什么。这样成员也能看到你们作为一个团体该做什么。

（2）将工作罗列出来

让成员一起尽可能多地列举为了达到目标必须要做的事情。即使是很小的事情，只要认为是必要的，都要在纸上分条列出，贴在黑板上或者展示栏中。重要的是让成员一起思考，这样成员才会认为这是自己的工作。

（3）给工作排序

当写出所有必须要做的工作之后，和成员一起一边思考必须第一个做的是什么、下一个要做什么，一边给工作排序。

（4）将工作分配给成员

将排序后的工作分配给成员。分配的方法让成员自己决定（参照"37 想要巧妙地整合敌对意见时"）。如果决定不了，则由团队领袖发表意见并决定。

（5）检查工作的完成情况

工作做完后，对照团体目标，与其他成员一起检查完成情况。如果完成得不好，不要责怪别人，而是让成员提出改善的意见。如果完成得很好，要褒奖全体成员。

（6）将各自的工作整合成一个整体

工作全部完成之后，对照着团体目标，将全部工作整合成一个整体。虽然是一边和成员商量一边整理，但如果商量不出结果，则由团队领袖来决定。

（7）褒奖全体成员

工作完成后褒奖全体成员。各自说说自己下功夫的地方或是辛苦的地方。（参照"36 想要活跃气氛时"）。

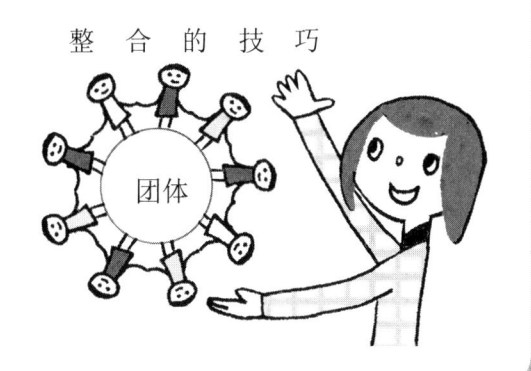

整 合 的 技 巧

团体

97

作业 6　掷骰子做 1 分钟演讲

◆ 目标

这份作业是为了让大家练习如何说话和如何听别人说话。

只要决定了讨论的主题，就能具体思考该说什么了。这份作业通过掷骰子这件有意思的事情，来随机决定讨论的主题。

听众需要仔细倾听，一边点头附和，一边要时不时地提问，使得说话的人讲起来更自然。

◆ 顺序

①确认"说话的技巧"。
- 用对方能听到的音量。
- 直视对方的眼睛。
- 微笑着说。

②确认倾听时的"附和技巧"。

"这样啊！"　　　　　"什么？"
"那可真厉害啊！"　　"真好啊！"
"对，对！"等等

③确认倾听时的"提问技巧"。

用 5W1H 提问。

"你为什么那么想呢？"　"那之后怎么样了？"
"什么时候的事啊？"　　"位置在哪里啊？"等等

④分成几个小组。

⑤各个小组猜拳，从赢的人开始顺时针掷骰子。

⑥根据掷骰子的点数显示的"题目"进行演讲。特别不喜欢那个"题目"的话，可以"过"，由下一个人掷骰子。

⑦说话的人运用"说话的技巧"。说话时长为 1 分钟。由老师计时，所有小组同时开始，然后同时结束。

⑧听众运用"附和的技巧"。

⑨留出提问的时间。由下一个演讲的人来提问。提问时间是 1 分钟。由老师计时，所有小组同时开始提问，然后同时结束。提问的人只问一个问题，演讲的人简要回答。有时间的话，下下个演讲的人成为提问人，再问一个问题。提问的时候运用"提问的技巧"。

⑩第一轮"1 分钟演讲"的题目在下一页的《部分 1》到《部分 4》中任选一个。等选中的题目说烦了再用别的题目。等到《部分 1》到《部分 4》都轮过一遍后，大家一起决定新题目，想出一个原创的题目会更好玩。

1分钟演讲的题目！

《部分 1》
点数 1： 最近发生的开心事
点数 2： 假期发生的开心事
点数 3： 喜欢的游戏
点数 4： 喜欢的菜品
点数 5： 想养的宠物
点数 6： 喜欢的课程

《部分 2》
点数 1： 对家人的请求
点数 2： 最想要的礼物
点数 3： 想对班主任说的话
点数 4： 关于我的爱好
点数 5： 介绍有趣的书
点数 6： 喜欢的历史人物

《部分 3》
点数 1： 如果请运动员来学校与大家互动，想请谁
点数 2： 最珍惜的东西
点数 3： 将来的梦想
点数 4： 喜欢或者擅长的事情
点数 5： 想去的国家
点数 6： 零花钱的用处

《部分 4》
点数 1： 最喜欢的歌曲
点数 2： 最近被家人或老师夸奖的事
点数 3： 最喜欢自己班级的地方
点数 4： 希望实现的三个愿望
点数 5： 最喜欢的动画片
点数 6： 自己的拿手好菜（或最想学做的菜）

■ 大家一起来决定原创的题目吧

点数 1：

点数 2：

点数 3：

点数 4：

点数 5：

点数 6：

第7章
与老师的交往

39 被要求在大家面前发言时

上课时被老师点名:"××,关于这个,你是怎么想的呢?"被要求现场回答问题。在班级讨论的时候,有时也不得不在大家面前发表意见。

这种时候你会不会想"好担心啊,我好紧张""不知道我能不能好好表达啊",结果无法好好表达出自己的意见。

发言是为了让大家知道你的想法。不管你有多么精彩的想法,不发言就和没有想法是一样的。无法让大家了解你的真实想法。

在大家都在认真听的时候发言确实会让人紧张,但是只要抓住诀窍,也是可以顺畅表达的。

容易产生的情绪 ①磨磨蹭蹭;②心怦怦直跳;③嫌麻烦直接放弃;④直冒冷汗。

- 这个,那个……
- 我觉得挺好的。
- 我说什么好呢?
- 我可没有自信啊!
- 不知道。
- 千万不要点到我啊!
- 虽然知道答案,但回答起来也很麻烦。

有时候就算想发言,但如果太过紧张,就会磨磨蹭蹭;或者心怦怦直跳;或者嫌麻烦干脆放弃了。甚至还会一边在心里祈祷"千万不要点到我啊"一边避开老师的目光。

● 发言是彰显自己存在的机会

(1)不发言,存在感会很薄弱

无论你有多么精彩的想法,不发言就和没有想法是一样的。没有想法的人即使身处班级内部,作为班级一员的存在感也会逐渐淡化。所以不发言的人,可能会被其他人轻视甚至无视。

(2)发言是机会

发言无疑是一个向班里其他人彰显你存在的机会。

必备社交小技巧

1 注意发言的行为举止

（1）举手时将手伸得笔直

如果举手时将手伸得笔直，会表达出你想发言的急切心情。

（2）不要摇晃身体，手不要乱动

在发言时不要左右晃动身体，手不要乱摸脸或者头部，否则老师和同学们会被你的小动作分散注意力，从而无法专注于你发言的内容。

（3）直视老师的眼睛发言

发言的时候直视点你名的老师或者担任主持的小伙伴的眼睛。

（4）用离你最远的人也能听清的声音发言

好不容易发言，如果大家听不见，就没有意义了。用离你最远的人也能听清的声音发言吧。

2 发言时先作铺垫

（1）和其他人意见一致时

我和××的想法一样……

（2）补充其他人的意见时

我想补充一下××的意见……

（3）和其他人意见不同时

我和××的想法不同……

（4）反对其他人的意见时

我反对这个意见。因为……（参照"14 想要在不伤害朋友的前提下陈述反对意见时"。）

当被征求意见的时候，如果你不是第一个发言的，那么首先要陈述你的观点作铺垫。这样做不但可以整理你的想法，而且能使听众更容易理解你的意见。

3 答不上来的时候要坦白承认

（1）没明白问题是什么的时候

我没明白问题是什么。让我再听听大家的意见。

（2）想法还没整理好的时候

我还没整理好想法。让我再想想。

（3）说不上是赞成还是反对的时候

我说不好。我觉得两边各有利弊。

答不上来的时候就清楚地表明答不上来也没关系。这也是真诚的发言。

40 不得不进老师的办公室时

你有没有过这样的经历：有事想进办公室找老师，可一想到屋子里面有许多老师在，就突然心跳加速，开始打起了退堂鼓。

除了老师办公室，学校里还有校长办公室、总务室、医务室等平时学生很少进入的房间。偶尔有事要进去的时候，会不会心跳加速觉得不好意思进去呢？

要进入平时不习惯进入的老师办公室等的时候感到紧张是很自然的事情。有诀窍可以缓解这种紧张，使你在不熟悉的场合也能放心大胆地说话。让我们一起来了解在这些地方平心静气说话的方法吧。

容易产生的情绪 好紧张啊！好害怕啊！我不想进去了。

> 我进去以后说什么好呢？

> 好害怕啊，真不好意思进去。但是又有事找老师。

进入不熟悉的地方谁都会紧张。不但想说的话没办法好好表达，声音还会变小。因此想打退堂鼓。

但是，为了把事情办完又不得不进去，所以进退两难。

● 遵照规矩进入不熟悉的地方就能安心

（1）凡事皆有规矩

就像早上看到别人会说"早上好"一样，进入不熟悉的地方也是有规矩的。只要照着规矩来，就能轻松走进不熟悉的地方。

（2）遵守规矩能让自己安心

只要按照规矩行事，就不需要瞻前顾后。不管去哪都能用这种方法，所以很安心。能缓解进入不熟悉地方时的紧张和不安。

（3）遵守规矩也能让对方放心

你进入不熟悉的地方，对于在那个地方的人而言，则是不熟悉的人进来了。不熟悉的人进来时里面的人也会紧张。但是如果你按照规矩行事，里面的人也会放下心来热心地接待你。这样你就会更加安心。

必备社交小技巧

1 敲门

敲门后再进入房间。敲门是表示"我要进来了"的信号。

2 进入之后，按照规矩表达需求

打扰了。

+

我是五年级一班的小真。

+

请问张川老师在吗？

按照"打扰了"+"自己的年级、班级和姓名"+"请问××老师在吗"的形式表达需求。

3 询问老师的座位

请问××老师的座位在哪？

××老师坐在左边最靠里的座位上。

如果不知道老师的座位在哪里，可以询问离自己最近的老师。

4 出房间时也要遵照规矩

打扰老师了。

事情办完后说"谢谢老师"。离开办公室时说"打扰老师了"。

运用"让自己鼓起勇气的自我对话"

虽然按照规矩来谁都能轻松地进入办公室，但是这样也是需要勇气的。运用"让自己鼓起勇气的自我对话"（请参考"4 想要加入一个新的小团体时"）。

进入办公室后，关于和老师说话时的技巧请参考"41 想和工作中的老师说话时"。

41 想和工作中的老师说话时

明明在上课时或是和小伙伴在一起时可以轻松地和老师交谈，可放学后一个人去找老师的时候，不知为什么就觉得很难开口。尤其是当老师忙碌的时候，觉得不好意思打扰老师，可能就这么默默地走掉了。

但是，这样的话事情就一直得不到解决。话虽如此，但如果完全不考虑老师的状态，单方面地找老师说话，那么老师也会觉得为难。

怎么做才能巧妙地和老师表达诉求呢？

在这里让我们一起思考：既不会让老师为难，又能表达自己诉求的说话方式。

容易产生的情绪 有点不好意思找老师说话啊，要不算了吧。

> 老师看起来好忙啊。感觉开不了口。要不别说了吧……

明明在上课时或是和小伙伴在一起时可以轻松地和老师说话，可单独找老师的时候突然就失去了和老师说话的勇气。结果慢慢地越来越无法与老师单独对话。

● 有人和老师说话，老师也很开心

（1）把想说的话说出来，内心很舒畅

把想说的话告诉老师之后内心会觉得很舒畅。因为不用再把想说的话压抑在心里了。此外，让老师明白你想说的话，你也会感到安心。

（2）一下子拉近了和老师的心理距离

无论老师有多忙，你去找老师说话他都会很高兴。老师会很愉快地听你说话。老师和你的心理距离一下子拉近了。

（3）可以练习如何和大人交流

老师是大人的代表。在课外时间和老师说话是练习和大人交流的好机会。

必备社交小技巧

1 仔细观察老师的状态

（1）忙自己工作的时候

（2）和其他老师说话的时候

仔细观察老师的状态，思考现在该不该和老师说话。尤其是上图的两种情况下，要仔细观察老师的状态。

2 去老师身边

如果从很远的地方向老师喊话，可能老师会听不到。要走到老师的座位旁边。

3 向老师询问

老师，请问现在方便说话吗？

向老师询问现在可不可以说话，例如"老师，请问现在方便说话吗"。

4 等老师准备好之后再开始说话

可以，请说吧。

刚刚语文课上有一个问题没听懂，想请教一下您。

等老师说完"请说吧"，或者等老师向你转过身来之后再开始说话。

5 说完以后表示感谢

想说的话说完之后，说一句"谢谢老师"来表示感谢。

42 遇到严重的突发事件时

从很小的口角之争演变成了双方大打出手；小伙伴从操场上的健身器材上摔了下来；有同学不舒服突然晕了过去。在学校里，老师不在的时候会有许多突发事件。

这种时候你可能会惊慌失措，不知道该怎么办才好；或者慌慌张张地跑到老师办公室，语无伦次地表述不清。不管是哪种情况，都不能马上让老师明白发生了什么事。

让我们掌握一些遇到严重的突发事件时，能准确地告诉老师的表达方式吧。

容易产生的情绪 完蛋了！怎么办呀？怎么办呢？

越是强烈地认为遇到了严重的突发事件，越是慌乱不已，不知道怎么办才好。身体也会变得僵硬，或者不受控制地乱动起来。有时甚至会放声大叫。

首先要冷静下来，然后要尽早告诉老师

（1）只有冷静下来，才能思考该怎么做

遇到严重的突发事件，谁都会感到惊慌。但越是这种时候，越是需要冷静下来。只有冷静下来，才能思考下一步该做什么，并且能顺利地告诉老师。

（2）尽早告诉老师

如果眼前发生的事情真的让你感到特别棘手，就快点告诉老师吧。有老师的帮助，可能会更快更顺利地解决。

必备社交小技巧

1 运用"让自己冷静下来的技巧组合"

1，2……

要冷静，要冷静！

吸气～ 呼气～

为了冷静下来，运用"让自己冷静下来的技巧组合"（参照"21 火冒三丈时"中的技巧2）。将脑子里的"怎么办"这个词替换成"要冷静"，就能慢慢地冷静下来。数到10就开始采取行动吧。

2 去找离你最近的老师

即使不是你的班主任也没关系，去找离你最近的老师吧。

3 直视对方的眼睛大声说"不好了"

不好了！

找到老师后，大声说"不好了"。老师会一边想发生了什么一边看向你。直视老师的眼睛告诉他具体情况。

4 只说"谁+发生了什么"

小胜受伤了！

只说"谁+发生了什么"，比如"小胜受伤了""小佳晕倒了"等。不用详细描述状况。

5 带老师去事发现场

将事情告诉老师之后不要一个人回去。要带着老师一起回到事发现场。

作业 7　让我们不出声地对话吧

◆ 目标

孩子一般会通过表情或者动作之类的非语言方式表达自己的感受或理解朋友的感受。但是孩子自己并没有意识到这一点。如果能意识到这些非语言因素，不但能更丰富地表达自己的感受，也能更准确地理解朋友的感受。

这份作业是为了让孩子意识到，感受可以通过除语言之外的方式表现出来；同样，在理解别人的感受时，语言以外的因素也可以作为参考。

◆ 顺序

①按照作业纸上《当时发生了什么》一栏里的问题，写下非常开心的事情，也写下非常伤心或愤恨的事情。尤其要清楚地写出来"当时的心情"。

②思考三分钟，如何将写下的内容不用语言表达，只通过表情、手势等非语言方式表现出来。

③全员起立，分成两人一组（或三人一组）。以下步骤都需要站着完成。

④猜拳赢的人先说，输的人先听。三人一组的情况下，一个人说，两个人听。说话人把在第①步里写的内容用表情、手势等非语言方式表达出来。但是禁止用嘴型表达。

⑤听的人模仿"你画我猜"，但不是通过观察说话人的手势等非语言方式来猜测内容，而是配合并附和对方，不明白的地方可以要求重听或者提问。但是要求重听或者提问也得通过手势等非语言方式表达。

⑥如果听的人明白说话人的意思了，不出声地"回答"一句"我明白了"然后结束对话即可。三人一组的情况下，听的人中只要有一个说"明白了"就算结束对话。

⑦用语言确认彼此之前用手势等非语言方式表达的内容。

⑧听的人和说话人互换角色，再重复一遍步骤①～⑥。

⑨按照作业纸上《回顾一下吧》里面的问题，写下"对话"的感想。

不出声地对话吧！

《当时发生了什么》

- 和谁之间发生的？和谁在一起的时候发生的？

- 发生了什么？谁做了什么？

- 当时你的心情是？

《回顾一下吧》

- 在表达自己心情的时候，有什么特别注意到的地方吗？

- 为了理解对方的心情，你尤其关注了哪些地方？

- 关于"不出声地对话"的感想是什么？

本书主旨说明

1 孩子们也要学习社交技巧

其实孩子们都有着各种各样的"思想",但是这些思想具体是什么,有多强烈,只有本人才知道。想要表达出来,就必须把这些思想转化成语言,甚至必须借助一些恰当的表情、手势等非语言表达方式。反过来说,如果想让孩子明白其他孩子的思想,也必须从对方的语言、表情、手势等途径进行推测。

这么想的话,孩子如果想要和别的孩子交流自己的思想并不是一件容易的事情。

想要扎实地做好这件不容易的事,要求我们要掌握一定的方法。比如措辞的选择方法、发声方法、表情的控制方法、手势等身体语言的做法等。只有恰当地运用了这些方法,我们才能表达自己的思想,同时也能明白对方的思想。

像这样以思想的表达方式和理解方法为代表的与处理人际关系有关的技巧在心理学上统称为"社交技巧"。

2 不擅长和人打交道的两种孩子

孩子们当中有一些不擅长和其他人相处。这样的孩子往往可以分成两大类。

一种是回避型人格的孩子。这种类型的孩子往往畏缩不前或者较为腼腆，平时是很温顺的孩子。因为过度在意他人的反应而很难表达自己的想法，被欺负了也默不作声。他们属于压抑自己的心情和想法，跟在别人后面行动的孩子。

另一种则是攻击型人格的孩子。这种孩子属于完全不考虑对方的状态，将自己想做的事情或者想说的话强加于人的类型。一旦事情没有按照自己的想法进展就会口出恶言甚至诉诸暴力。往往给人好惹事或者暴躁的印象而被朋友疏远。

这两种孩子为什么会显示出这样的特征呢？父母经常感叹"那个孩子就是天生性格温顺"或者"这孩子个性太强，骂他也不听话"等，大多数老师也会先入为主地认定是孩子本身的素质或者性格问题。

如果归结于素质或者性格的问题，虽然会使原因听起来很清晰，但是无论是"素质"还是"性格"这样的词语，都在暗示这是遗传性的，甚至是与生俱来的天性，给人很难改变的印象。此外，如果将和朋友的关系不好也归结为素质或者性格的问题，会容易陷入"想改也改不了"的思维定式。如此一来，老师和家长就很难找到教育孩子如何为人处世的方法，比如如何与人相处，该教他一些怎样的技巧等。

3 学习社交技巧的好处

与此相对，如果仅仅站在社交技巧这个角度来看，虽然这两种类型的孩子显示出截然不同的特征，但实际上可以看作是遇到了共同问题的孩子，那就是在社交技巧上有问题。具体来说，就是没有充分地学习恰当的社交技巧，抑或是错误地学习了不恰当的社交技巧。

如果用这种方式看待问题，那么对于伙伴关系有问题的孩子来说，老师和家长就能找到教育孩子如何为人处世的方法了，比如应该教给他们一些什么技巧。可以教给他们一些在某些场合必备的社交技巧，比如怎么交朋友，怎么加深和小伙伴之间的友谊。对于回避型人格的孩子，就教给他们加入朋友小团体的方法或者缓解紧张的诀窍；对于攻击型人格的孩子，要教给他们理解对方感受的方法，以及告诉他们沟通是比暴力更加有效的手段。

4 通过练习掌握社交技巧

社交技巧这个出发点对于解决孩子的伙伴关系问题还有一个很大的好处。因为社交技巧是一项技术，无论是谁，只要反复练习都能掌握。

社交技巧和骑自行车、踢足球一样，最初可能很笨拙，做不好，但只要经常练习就会慢慢变好。

5 传授社交技巧的重要性

如果将社交技巧传授给孩子，他们不但可以流畅地表达自己的思想，还可以准确地理解其他人的思想。这么做也会使得他们在班上更不容易被忽略或者被排挤。即使被别人欺负了，只要掌握了社交技巧，就能巧妙地向其他孩子寻求帮助或者坦然接受其他孩子的帮助，从而早日脱离被欺负的境遇。

如果掌握了社交技巧，和朋友之间就能更好地维持和谐，以及给予积极的回应，也会使自己所属的班级成为让人身心舒畅的"心灵的家园"。这样对于孩子学习成绩的提高也有促进作用。

追踪调查表明，如果在小学或中学阶段传授学生基本的社交技巧，能减少他们进入青春期后的反叛行为甚至成年后的各种不适（对职场的不适应或家庭关系矛盾等），还有精神健康问题（抑郁症等）。但是考虑到孩子进入社会后面临的很多问题并非来自学业或者智力程度，而是来自于人际关系这一点，追踪调查的结果就显得理所当然了。

简而言之，传授孩子社交技巧不但有利于当下面临伙伴关系问题的孩子，对于当下没有社交问题的孩子也能起到预防将来可能出现问题的作用。

6 想要教给孩子的社交技巧内容

想要教给孩子的社交技巧中有很多是与伙伴关系相关的内容，可以从下列方面进行分类。

（1）有关伙伴关系的基本知识和思维方法

会传授给孩子一些知识和恰当的做法，比如想要加入小伙伴们的游戏时该怎么做，想要和朋友和好时该说什么，等等。也会教一些关于人际关系的规则和礼节。此外，还会教一些特定场合下与人交往时目标权衡的重要性（比如把对方说到哑口无言和与对方友好相处相比，哪一个在当时的场合下更重要）。

（2）理解对方的思维和感情的方法

如果不能理解对方在想什么、有什么感受，就不可能和对方建立或加深关系。会传授给孩子如何理解对方的语言，以及怎样从对方的表情、手势等非语言方式中领会对方的意图和隐藏的感情。

（3）表达自己的思维和感情的方法

想要向对方表达自己的思想，首先必须想清楚自己想要什么、自己在想什么和自己是什么感受。然后需要在契合当下状况和气氛的前提下，用语言、表情和手势等方式表达出来。关于这些，需要循序渐进地传授。

（4）控制感情的方法

即使拥有了关于社交技巧的知识，也可能由于不安或者羞耻心的阻碍而无法顺利施展。此外，也有可能会因为感受到了愤怒而采取攻击性的言语和行动。因此需要传授与人交往时控制感情的方法。

7 传授社交技巧的基本方法

在以孩子为对象成体系地传授社交技巧的社交技巧训练和社交技巧教育中，使用的方法一般依据下列五个要点。

（1）用语言传授（言语演示）

向孩子说明社交技巧的相关内容。让孩子理解即将传授的技巧对于达到与人交往的目标为何是必要的；如果欠缺这个技巧会引发什么样的问题；以及如果学会了这个技巧会有什么好处。通过语言的说明，提高孩子学习社交技巧的积极性。

（2）展示模范（模型展示）

展示即将传授的技巧模范，让孩子观察并且模仿。展示模范之后要求孩子就"哪里做得好"这一点发表意见或互相讨论。让老师等大人作为模范展示成功案例，或者让有技巧运用能力的孩子来示范。也可以把照片或视频中的人物作为模范。

（3）不断重复（排练）

让孩子不断重复练习技巧。为此需要用到角色扮演。在采取角色扮演的时候，要预设一个对孩子来说有真实性的具体场景。

（4）夸奖并提出修改建议（反馈）

让孩子实践用言语演示或者排练的技巧，做得好给予夸奖，做得不好则提出修改建议。当孩子感到自己的行为受到夸奖时，会更积极地学习技巧。

（5）实战演练（形成条件反射）

鼓励孩子在日常生活中实践学到的技巧。给孩子布置作业或者让他们报告自己的实践情况。

只要谨记以上五个要点，就可以用这本书实施社交技巧教育了。